Curzio Malaparte – Technik des Staatsstreichs

Curzio Malaparte (1898-1957), italienischer Schriftsteller und Journalist deutscher Herkunft. Ende der zwanziger Jahre Leiter der »Stampa«, 1937 Gründer der Zeitschrift »Prospettive«. Anfänglich mit Sympathien für die faschistische Bewegung in Italien, bereits 1933 jedoch auf die Liparischen Inseln verbannt. Nach dem Zusammenbruch des Regimes Verbindungsoffizier bei den amerikanischen Streitkräften. Wurde über die Grenzen Italiens hinaus berühmt durch die Erfolgsromane aus der unmittelbaren Nachkriegszeit *Kaputt* und *Die Haut*. Titel der italienischen Originalausgabe: »Tecnica del colpo di Stato«.

Edition
TIAMAT
Herausgeber:
Klaus Bittermann
1. Auflage: Berlin, April 1988

Grimmstr. 26 – 1000 Berlin 61
Satz: Gegensatz Berlin
Druck: Schwarzdruck Berlin
Umschlagentwurf unter Verwendung eines Bildes von
Giorgio de Chirico, »Die Eroberung des Philosophen«, 1914
ISBN: 3-923118-51-1

Curzio Malaparte

Technik des Staatsstreichs

Essay

Aus dem Italienischen von
Hellmut Ludwig

Critica
Diabolis
15

Edition
TIAMAT

INHALT

Vorwort zur Nachkriegsausgabe von 1948 — 7

Vorbemerkung zur Erstausgabe von 1931 — 21

Der bolschewistische Staatsstreich
und die Taktik Trotzkis — 25

Geschichte eines mißglückten Staatsstreichs:
Trotzki gegen Stalin — 57

1920, Polnisches Zwischenspiel –
In Warschau herrscht Ordnung — 81

Mars gegen Marx: der Kapp-Putsch — 103

Bonaparte – der erste moderne Staatsstreich — 113

Ein Höfling und ein sozialistischer General:
Primo de Rivera und Pilsudski — 131

Mussolini und der fascistische Staatsstreich — 143

Diktator aus Versehen: Hitler — 177

Nachwort — 191

Anmerkung des Übersetzers — 197

VORWORT MALAPARTES ZUR NACHKRIEGSAUSGABE VON 1948

Ich hasse dieses Buch. Es hat mir Ruhm gebracht, aber auch viel Leid. Wegen dieses Buches lernte ich Gefängnis und Verbannung kennen, Verrat durch Freunde, tückische Feindschaft, Egoismus und Bösartigkeit der Menschen.
Dies Buch, das 1931 in der französischen Übersetzung von Juliette Bertrand im Verlag Bernard Grasset in Paris erschien, ist heute noch ebenso gültig und lebensnah wie seinerzeit. Vielleicht wird man mir vorwerfen, daß ich dieser Neuausgabe nicht einige Kapitel zum Beispiel über den republikanischen und den fascistischen Umsturz in Spanien, den spanischen Bürgerkrieg oder über den Fenstersturz in Prag hinzugefügt habe. Doch ich könnte erwidern, daß alle diese Ereignisse, die seit Veröffentlichung dieses Buches eingetreten sind, keine neuen Erkenntnisse über die moderne Technik des Staatsstreichs erbracht haben. Diese Technik ist und bleibt dieselbe, wie ich sie untersucht und beschrieben habe.
Einige Fortschritte zeigen sich dagegen in der modernen Technik der Verteidigung des Staates. Wahrscheinlich vermochten die Verteidiger des Staates sehr viel mehr Nutzen aus der Lektion der Ereignisse zu ziehen als aus der Lektüre meines Buches. Doch wäre es nicht schon ein Verdienst meiner „Technik des Staatsstreichs", wenn diese Seiten die Verteidiger der Freiheit auch nur gelehrt hätten, wie solche Ereignisse zu verstehen sind und daß daraus zu lernen ist?
Welch eigenartiges Schicksal hatte dieses Buch. Verboten von den totalitären Regierungen, auf den Index gesetzt von den liberalen und demokratischen Regierungen, für

die es nur ein Handbuch der Kunst war, sich der Macht mit Gewalt zu bemächtigen, und nicht auch ein Handbuch der Kunst, den Staat zu verteidigen; als fascistisch abgestempelt von den Trotzkisten und von Trotzki selbst, und als trotzkistisch von gewissen Kommunisten, die es nicht ertragen können, den Namen Trotzki neben demjenigen Lenins, geschweige denn Stalins, zu lesen: selten hat ein Buch soviele Diskussionen, soviele gegensätzliche Leidenschaften erweckt.

Ich darf in diesem Zusammenhang an einen merkwürdigen Fall erinnern, von dem seinerzeit die Zeitungen Aufhebens machten. Als Fürst Starhemberg auf Anordnung des österreichischen Bundeskanzlers Dollfuß in Tirol unter der Anklage eines Komplotts gegen den Staat verhaftet wurde, fand man in seiner Bibliothek – horresco referens – ein Exemplar der „Technik des Staatsstreichs". Dollfuß nahm dies zum Anlaß, das Buch in Österreich zu verbieten. Aber als Dollfuß von den Nationalsozialisten ermordet wurde, meldeten die Wiener Zeitungen, daß auch auf seinem Schreibtisch ein Exemplar meines Buches gefunden wurde. Ein Exemplar, möchte ich vermuten, dessen Seiten sicherlich nicht aufgeschnitten waren. Denn hätte Dollfuß mein Buch gelesen und daraus Nutzen zu ziehen gewußt, so hätte er wahrscheinlich nicht jenes tragische Ende genommen.

Ich war manchmal Zeuge, Zuschauer, aber nicht Teilnehmer an den Ereignissen, über die ich in diesem Buche berichtete. Vielleicht war es nur mein Alter, das mich davor schützte, in diesen Dramen als Darsteller aufzutreten. Zweiundzwanzig Jahre war ich, als ich in Warschau die Ereignisse des August 1920 miterlebte. Neben mir, auf dem gleichen Trottoir des Krakowskie Przedmiescie, am gleichen Fenster des Hotels Bristol, stand ein anderer Zuschauer, ein französischer Major namens Charles de Gaulle. Ich war 24, als Mussolini 1922 die

Macht ergriff. Wäre ich damals, mit meinen paar zwanzig Jahren, das gewesen, was man mir später nachgesagt hat, so wundert es mich, daß aus mir nichts anderes als ein Schriftsteller geworden ist.
Ich schrieb diese „Technik des Staatsstreichs" in den letzten Monaten des Jahres 1930 in Turin, als ich noch Chefredakteur der „Stampa" war. Das Manuskript nahm Daniel Halévy, der nach Turin gekommen war, mit nach Paris zum Verleger Bernard Grasset, denn ich traute mich nicht, mit diesem Stoß beschriebenen Papiers die Grenze zu passieren. Als das Buch im März 1931 erscheinen sollte, fuhr ich auf Anraten von Grasset und Halévy nach Frankreich, um mich vor den möglichen Reaktionen Mussolinis in Sicherheit zu bringen.
Wie nahm Mussolini mein Buch auf? Es gefiel ihm, aber er vermochte es nicht zu schlucken. Und aus einem jener Widersprüche heraus, die in seinem Charakter lagen, verbot er eine italienische Ausgabe, ließ aber zu, daß die Zeitungen ausführlich über die französische berichteten. Eines Tages bekam dann plötzlich die italienische Presse Order, sich nicht mehr damit zu beschäftigen, weder pro noch contra. Was war vor sich gegangen?
In Deutschland war 1932, also einige Zeit vor Hitlers Machtergreifung, im Verlag E. P. Tal, Leipzig und Wien, „Der Staatsstreich" erschienen und hatte der Anti-Hitler-Propaganda Stoff geliefert. Während der deutschen Wahlen im Herbst 1932 erschien an den Anschlagsäulen der deutschen Städte Plakate der hitlerfeindlichen „Eisernen Front", auf denen mit dicken Lettern unter dem Titel „Der italienische Schriftsteller Curzio Malaparte über Hitler und den Nationalsozialismus" die abfälligsten Sätze aus meinem Kapitel über Hitler abgedruckt waren. Mussolinis persönlicher Pressechef, Lando Ferretti, schickte mir einige Exemplare dieser Plakate und schrieb dazu lediglich: „Da sieh, was du getan hast!" Was ich getan hatte, merkte ich einige

Zeit später, in der Zelle 471 des Flügels 4 im römischen Gefängnis Regina Coeli.

Ich habe Hitler nie gesehen, ich habe nie versucht, mit ihm zu reden. Aber ich hatte ihn intuitiv begriffen, ich hatte ihn „erraten". Sein Porträt, das ich recht boshaft und mit harter Hand zeichnete, zeigte ihn sogar den Deutschen von einer neuen Seite, wie die „Frankfurter Zeitung" und das „Berliner Tageblatt" schrieben. Zu leidenschaftlichen Diskussionen führte meine, dann im Januar 1933 eingetretene, Prophezeiung, daß Hitler nicht durch einen Staatsstreich, sondern durch einen parlamentarischen Kompromiß zur Macht kommen werde; und eine zweite Voraussage, die im Juni 1934 Wirklichkeit wurde, daß Hitler mit unerbittlicher Gewalt den extremen Flügel seiner eigenen Partei vernichten werde.

Man darf sich also nicht wundern, daß nach Hitlers Machtergreifung mein Buch durch eine Anweisung des Gauleiters von Sachsen in Leipzig öffentlich verbrannt wurde, zusammen mit so vielen anderen Büchern, die aus politischen oder sogenannten rassischen Gründen auf den Scheiterhaufen flogen. Es ist das edelste Ende, das in unseren Tagen ein Schriftsteller seinen Büchern wünschen kann. Doch damit nicht zufrieden, verlangte Hitler von Mussolini auch meinen Kopf, und er bekam ihn.

Obgleich es ziemlich selten ist, daß ein intelligenter Mann von den gleichen Leuten an den Füßen aufgehängt wird, die ihm diese Füße zwanzig Jahre lang geleckt haben, ist doch sicher, daß Mussolini ein intelligenter Mensch war. Aber er hatte, wie in Italien jeder Mann aus dem Volke, eine merkwürdige Mischung von Respekt vor Talent und Kultur und von Mißachtung der Intellektuellen. Und so verfolgte er, manchmal grausam, alle, die er mit diesem von ihm herabsetzend gemeinten Wort bezeichnete. Wenn es jemandem ge-

lang, ihm einzureden, daß dieser oder jener Mann der Feder nur ein Intellektueller sei, wütete er gegen den Unglücklichen mit völlig ruhigem Gewissen. Es war zweifellos ein guter Teil Eifersucht in seiner Mißachtung der Intellektuellen. „Die Diktatur", so liest man in meiner Technik des Staatsstreichs, „ist Eifersucht in vollendeter Form."
Aber auch in seiner Wut über dieses Buch und in seinem Ärger über mich hätte sich Mussolini wohl nicht dazu herabgelassen, mich ins Gefängnis zu werfen, wenn Hitler es nicht verlangt hätte. Das machte in Italien wie im Ausland ziemliches Aufsehen. Es war das erste Mal, daß in Italien ein Schriftsteller nicht wegen „Verschwörung", sondern wegen seines literarischen Werkes eingesperrt wurde.
Der „Times" und dem „Manchester Guardian", die sich für mich einsetzten und meinen persönlichen Fall als schwerwiegendes Indiz der wirklichen Situation der Literatur in Italien ansahen, ließ Mussolini in den fascistischen Zeitungen „Popolo d'Italia" und „Tevere" vom 6. Oktober 1933 antworten, daß meine Verhaftung nur „eine Maßnahme der ordentlichen Verwaltung" sei.
So befand ich mich also eines Tages in einer Zelle in Regina Coeli und wurde dann wegen „antifascistischer Betätigung im Ausland" zu fünf Jahren Deportation auf die Insel Lipari verurteilt. (Amtliche Meldung der Presseagentur Stefani vom 11. Oktober 1933.) Die Beweise gegen mich waren: ein Exemplar meiner „Technique du coup d'Etat", in dem Mussolini eigenhändig mit Rotstift die beanstandeten Sätze angestrichen hatte; die Plakate aus dem deutschen Wahlkampf; ein Brief, den ich Monate zuvor an einen heute toten Freund geschrieben hatte und in dem ich, im Namen aller italienischen Schriftsteller, die Freiheit der Kunst und der Literatur verteidigte und mich abfällig über die Haltung Marschall Balbos äußerte (Anlaß war ein Appell

von Elio Vittorini aus Paris gewesen); und schließlich ein Artikel, der offen gegen Mussolini und Hitler gerichtet war und im März 1933 unter dem Titel „Immoralité du Guichardin" in den „Nouvelles Littéraires" erschienen war.

Nach drei Jahren Verbannung wurde meine Strafe in zwei Jahre „Sonderaufsicht" umgewandelt. 1938 in Freiheit gesetzt, lernte ich alle die kleinlichen Polizeischikanen kennen, deren sich alle aus Kerker oder Verbannung Entlassenen nur zu gut erinnern. Infolge eines Minderwertigkeitskomplexes gegenüber allen, die er irgendwie verletzte, hat mir Mussolini niemals verziehen, daß er mich hinter Gitter gebracht hatte. Mir wurde nicht nur der Aufenthalt in meinem eigenen Haus in Forte dei Marmi und bei meiner Familie in Prato verboten; auch nur für wenige Stunden benötigte ich eine Sondererlaubnis der Polizei. Mir wurde nicht nur der Paß entzogen, so daß ich nicht nach Paris fahren konnte, ich durfte auch in Italien nicht nördlicher reisen als bis Genua, Turin, Mailand oder Verona.

Es genügte ihm nicht, daß ich, auf seinen Befehl, streng überwacht wurde. Er untersagte mir, die paar rein literarischen Artikel, die ich im „Corriere della Sera" veröffentlichte, mit meinem Namen zu unterzeichnen. Daher mein Pseudonym Candido. Sooft ferner irgendein Nazihäuptling nach Rom fuhr, wurde ich aufgrund einer „vorbeugenden Maßnahme" verhaftet. Ich war also gefährlich und wußte selbst nichts davon. Ich saß dann wieder im Gefängnis, zusammen mit meinen früheren Leidensgefährten von Regina Coeli und von Lipari, fast lauter alte Republikaner oder junge Kommunisten, wenn Hitler, Göring, Goebbels oder Himmler Mussolini besuchten. Das war der Grund, weshalb ich mich auf Anraten von Galeazzo Ciano (der so viele Literaten, Künstler, Juden oder politische Gegner vor

Mussolini verteidigte), in Capri niederließ, fern von Rom und fern von denjenigen Teilen Italiens, die der Zug vom Brenner herab bis Rom durchfährt.
1939 schlug mir der „Corriere della Sera“ vor, als Sonderberichterstatter nach Abessinien zu gehen. Nach langen Verhandlungen zwischen Kultur- und Innenministerium und dem Chefredakteur des „Corriere“, Aldo Borelli, der mich nicht nur nicht aufgab, sondern alles tat, was er konnte, um mich vor Verfolgungen zu schützen, bekam ich schließlich die Reiseerlaubnis nach Äthiopien. Allerdings wurde ich von einem Polizeikommissar, Dr. Conte, begleitet, der zu meinem Glück ein ernsthafter und anständiger Mann war, mich aber während der ganzen mühseligen Reise von mehr als dreitausend Kilometern quer durch Abessinien nicht aus den Augen ließ. Sicher fürchtete Mussolini, ich könne heimlich in Port Said oder Suez an Land gehen. Ich besitze noch Contes Berichte an Mussolini, die alle Äußerungen von mir, auch die harmlosesten, enthielten.
Über all dies und vieles andere besitze ich die amtliche Dokumentation. Ich bekam sie in Fotokopie vom Alliierten Oberkommando in Italien, um gegebenenfalls meine Behauptungen beweisen zu können.
1940 wurde ich trotz meines Alters und meiner Kriegsverletzungen als Hauptmann zum 5. Alpini-Regiment eingezogen, wenige Tage vor der Kriegserklärung. Ich protestierte sofort beim Kriegsministerium. Als politisch Verurteilter hatte ich nach den fascistischen Gesetzen die bürgerlichen Ehrenrechte verloren; logischerweise, so argumentierte ich in meinem Protest, galt das auch für das Ehrenrecht des Militärdienstes. Aber statt mich zu entlassen, wie ich gehofft hatte, ließ mich Mussolini, als Oberbefehlshaber und Kriegsminister, zur Kompanie der Kriegsberichterstatter versetzen, die der Propagandastelle des Generalstabs des Heeres unterstellt war und aus Journalisten bestand, die Heeresuniform tru-

gen und der gleichen Militärdisziplin unterstanden wie die Offiziere der kämpfenden Einheiten.

So kam ich an die russische Front, als Kriegskorrespondent des „Corriere della Sera“, zusammen mit vielen Korrespondenten anderer Zeitungen, die zumeist, um sich nicht zu kompromittieren, in ihren Berichten die offiziellen deutschen und italienischen Kommuniqués abwandelten. Ich für meine Person kompromittierte mich so gründlich, daß ich im Herbst 1941 von den deutschen Stellen wegen meiner aufsehenerregenden Berichte von der russischen Front ausgewiesen wurde, trotz der Proteste des italienischen Armeekommandeurs in Rußland, Marschall Messe. Ich wurde zur italienischen Grenze gebracht und von Mussolini, der immerhin die Veröffentlichung meiner Artikel geduldet hatte, zu vier Monaten Zwangsaufenthalt verurteilt. Nach deren Verbüßung kam ich erneut an die Front, diesmal nach Finnland. Beim Sturz Mussolinis im Juli 1943 kehrte ich sofort, wie viele andere Kriegskorrespondenten der Nordfront, nach Italien zurück.

Alles, was ich von 1933 bis zu Mussolinis Sturz erdulden mußte, verdanke ich meiner „Technik des Staatsstreichs“. Ich hasse dieses Buch. Es hat mir Unglück gebracht.

In England, in Amerika, in Polen, im republikanischen Spanien von 1931 fand meine „Technik des Staatsstreichs“ einhellige Zustimmung. Der Sinn des Buches als „Traktat über die Kunst der Verteidigung der Freiheit“ wurde allgemein erkannt. Sogar die liberale und demokratische Presse der angelsächsischen Länder, „New York Times“ und „New York Herald“, „Times“ und „Manchester Guardian“ und „New Statesman and Nation“, hatten nur Lob für die „moral purposes“ meines Buches, und hatten höchstens Bedenken gegen meine These, daß, „wie alle Mittel recht sind, die Freiheit zu unterdrücken, auch alle Mittel recht sind, um sie zu verteidigen". Als ich 1933 nach London kam, nahm man mich mit all der Sympathie auf, die die Engländer freien Menschen entgegenbringen.

In Frankreich erhob sich aus dem Chor der reich nuancierten Zustimmung, von Charles Maurras und Léon Daudet bis Jacques Bainville, Pierre Descaves und Emile Buré, von der „Action Française" bis zur „Humanité", von der „République" bis zu Léon Blums „Populaire", von „La Croix", „Figaro" und „Echo de Paris" bis „La Gauche" usw. keinerlei Mißton.

Während die extreme Rechte mein Buch zum Anlaß nahm, von der gefährlichen Lage in Deutschland und Spanien zu sprechen, die Verteidiger der Freiheit, auf die Schwäche des liberalen und demokratischen Staates hinzuweisen oder sich gar, seltsam genug, mit Paul Valéry anlegten, benutzte die extreme Linke mein Buch zu einem Angriff auf Trotzki.

Der Botschafter der UdSSR in Paris übermittelte mir über meinen Verleger eine Einladung der Moskauer Regierung zu einer sechsmonatigen Reise durch Rußland, um das russische Leben aus der Nähe zu studieren. Eine Einladung, die ich aus leicht verständlichen Gründen höflich ausschlug. Deutsche Flüchtlinge (die ersten!) wie Heinrich Simon, der Herausgeber der „Frankfurter Zeitung", und Theodor Wolff sprachen mir in Paris die Anerkennung der deutschen Gegner des Nationalsozialismus aus. Aufsätze und Abhandlungen über die „Technik des Staatsstreichs" erschienen verschiedentlich in Europa und in Amerika. Besonders erwähnen möchte ich das Buch von Hermann Rauschning, „Die Revolution des Nihilismus", das u. a. auch die These diskutiert, die ich in meinem Buch verfochten hatte.

In diesem Chor der Zustimmung eine einzige abweichende Stimme: die Stimme Leo Trotzkis, der mich im Oktober 1931 in einer Sendung des Kopenhagener Rundfunks heftig angriff. Nach seiner Verbannung nach Sibirien war Trotzki aus Rußland abgeschoben worden und hatte sich auf die Insel Prinkipo im Marmara-Meer nahe Konstantinopel geflüchtet. Im Herbst 1931 beschloß er, nach Paris zu gehen. Da ihm die Aufenthaltserlaubnis in Frankreich verweigert wurde, entschied er sich dann für Mexiko; doch bevor er Europa verließ, nahm er eine Einladung von Radio Kopenhagen an, die ihm Gelegenheit gab, öffentlich auf Stalins Anschuldigungen zu antworten.

Es war das erstemal seit der Oktoberrevolution, daß Trotzki in Europa, zu Europa sprach: daher wurde die angekündigte Rede mit großer Spannung erwartet. Leider sprach er aber nur über Stalin und über mich. Ich war darüber, genau wie Stalin, sehr enttäuscht. Ein großer Teil seiner Äußerungen (deren vollständiger Text von der trotzkistischen Zeitung „La Cloche" in Paris veröffentlicht wurde) beschäftigt sich mit meiner „Technik des Staatsstreichs" und mit meiner Person: er spuckte auf Stalin und schimpfte über mich. Ich sandte ihm noch am selben Abend folgendes Telegramm: „Pourquoi mêlez-vous mon nom et mon livre à vos histoires personnelles avec Staline? Stop. Je n'ai rien à partager ni avec vous ni avec Staline. Stop. Curzio Malaparte." Er antwortete mir umgehend mit folgendem Telegramm: „Je l'espère pour vous ‚Stop' Léon Trotzki."

Doch von allen Stimmen zum Erscheinen meines Buches ist mir eine vor allem lieb: ein Brief von Jean-Richard Bloch. Obwohl Kommunist, war Bloch weder ein Sektierer noch ein Fanatiker. Er hatte den Sinn meines Buches begriffen, die Bedeutung nicht nur des politischen, sondern auch des moralischen Problems, das es für die Verteidiger der Freiheit aufwirft. Manche Kommunisten werden ihm vielleicht, post mortem, seine Sympathie für mich verübeln. Wie könnten sie auch zugeben, daß ein Kommunist, dessen sterblichen Überresten nach der Libération die Ehre der Apotheose zuteil wurde, daß ein Held der Freiheit, an dem die Kommunistische Partei Frankreichs sich die ausschließlichen „Rechte für alle Länder, einschließlich Schweden und Norwegen" gesichert hat, einem freien Manne (als den er selbst mich bezeichnete) mit Anstand gegenübertrat.

„Ich habe", so schrieb mir Jean Richard Bloch am 20. November 1931 aus seinem Haus bei Poitiers, „ich habe mit leidenschaftlichem Interesse Ihr Buch gelesen, das Sie mir zuschicken ließen. Wenn es stimmt, wie ich glaube, daß es die präliminäre Aufgabe der Intellektuellen an diesem Beginn der modernen Zeiten – der Agonie der Jetztzeit – ist, die ‚Dinge zu benennen', geistige Toilette zu machen, den toten Worten, den abgenutzten Begriffen, den überlebten Denkschemata die Tür zu weisen, den Konzeptionen exakter Vorstellungen von einer völlig erneuerten Welt den Weg zu ebnen, dann haben Sie Ihren Teil der gemeinsamen Aufgabe mit ungewöhnlicher Meisterschaft erfüllt.

Dadurch, daß Sie zwei so unterschiedliche Ideen wie das revolutionäre Programm und die Taktik des Aufstandes – Ideologie und Technik – säuberlich voneinander trennten, haben Sie das Terrain saniert. Sie ermöglichen uns kraftvolles Verständnis und Erfassen bestimmter Tatsachen. Sie tragen zu unserer klaren Sicht der heutigen Zeit bei. Nur ein Marxist konnte das tun. Nur ein Marxist, schreiben Sie, kann heute einen erfolgreichen Staatsstreich machen. Ihren Gedanken erweiternd füge ich hinzu, daß nur ein Marxist einen Roman oder ein Drama schreiben kann, die der heutigen Welt richtig ‚sitzen' und nicht wie ein schlechtgeschnittener Anzug schlotternd um sie hängen.

Die Überlegungen, zu denen Sie uns anhalten, sind zahlloser Art. Und alle von größtem sachlichen Gehalt. Auch gefällt mir der freie und frische Ton, mit dem Sie über diese Dinge sprechen, bei denen Menschenverachtung die Waffe der Liebe zu den Menschen ist. Um es nochmals zu sagen, ich erkenne am Klang Ihrer Stimme, was ich an der italienischen Intelligenz, dort wo sie voll ausgeprägt ist, am meisten bewundere und liebe. Es gibt wenige Völker, für die ich eine so tiefe Zuneigung empfinde wie für das Ihre. Sein Fehler ist der hohle Wortgebrauch, so wie die Lieblingssünde der Franzosen die fade Sentimentalität ist und die der Deutschen die trügerische Systematik. Wenn aber ein Italiener sich bemüht, scharfsinnig zu sein, dann ist er es mehr als irgend jemand sonst in der Welt. Nirgendwo habe ich reifere und echtere Intelligenz angetroffen als in Ihrem Land, das noch so schlecht bekannt ist und so unzulänglich beurteilt wird. Ich meine damit, daß ich in Ihrem Buche eine Luft atme, die mir vertraut ist und die mir wohltut: es ist die Atmosphäre des freien Menschen. Das zu sagen klingt seltsam bei einem Buch, in dem immer nur von den Mitteln die Rede ist, mit denen die Freiheit erwürgt wird. Nie wurde mehr unabhängiger Sinn darauf verwendet, uns die Ermordung der Unabhängigkeit zu lehren.

Ich muß es mir versagen, in Einzelheiten der Überlegungen einzutreten, zu denen mir die Lektüre Anlaß gab. Es würde kein Brief mehr sondern ein Buch. So will ich aus tausend anderen Punkten herausgreifen, daß ich Ihr strenges Urteil über Hitler teile. Mag sein, daß kommende Ereignisse uns widerlegen, Sie und mich, und uns eines Tages lehren, daß dieser schwülstige, gerissene und tückische Österreicher eine neue und wirksame Taktik in Reserve hatte. In der Geschichte beginnen Stufenfolgen nie von neuem. Goethe hatte recht, wenn er sagt, daß historische Ereignisse manchmal homolog, niemals analog sind. Ich hatte mich nicht über das absolute, wohl aber über das relative Gewicht Mussolinis getäuscht, den ich 1914 kurz kennenlernte. Wie auch immer, ich habe mich zu Ihrer Ansicht bekehrt.

Was mich jedoch wundert, ist, daß Sie nur Hitler als Zeichen seiner Schwäche die Verfolgung der Gewissensfreiheit, der Würde der Persönlichkeit und der Bildung vorwerfen; und seine Polizeimethoden, seine Praktik der Denunziation. Hat Mussolini nicht gleiches getan?"
Ja, er hat das gleiche getan, lieber Jean Richard Bloch. Mir gegenüber und vielen anderen gegenüber, die besser waren als ich. Vielleicht hatte er recht, vielleicht haben alle recht, die noch heute, in diesem Europa ohne Hitler und ohne Mussolini, die freien Menschen hassen und verfolgen und die versuchen, den Sinn für persönliche Würde, die Gewissensfreiheit, die geistige Unabhängigkeit, die Freiheit von Kunst und Literatur zu erdrosseln. Was wissen wir davon, ob nicht die Intellektuellen, die Schriftsteller, die Künstler, die freien Menschen eine gefährliche, sogar nutzlose und verdammte Rasse sind? „Que sais-je?" fragte Montaigne.
Doch weshalb der Vergangenheit gram sein, wenn die Gegenwart gewiß nicht besser ist und die Zukunft uns bedroht? An meine paar Leiden würde ich dankbar zurückdenken, wenn ich überzeugt wäre, daß dieses Buch wenigstens etwas zur Verteidigung der Freiheit in Europa beigetragen hat, die heute nicht weniger in Gefahr ist als sie es gestern war und morgen sein wird.
Es ist nicht wahr, wie Jonathan Swift klagte, daß die Verteidigung der Freiheit nichts einbringt. Sie bringt uns stets etwas ein, und sei es nur das Bewußtsein vom eigenen Sklavenstand, woran man den freien Menschen unter den anderen erkennt. Denn es ist, wie ich 1936 schrieb, „dem Menschen gegeben, nicht frei in der Freiheit zu leben, sondern frei in einem Kerker".

Paris, im Mai 1948

Curzio Malaparte

Obwohl ich zu zeigen beabsichtige, wie man sich eines modernen Staates bemächtigt und wie er verteidigt wird, ist dieses Buch keineswegs eine – wenn auch moderne und damit von Machiavelli weit entfernte – Nachahmung des Buches über den Fürsten. Die Zeiten, auf die sich die Argumente, die Beispiele, die Urteile und die Moral des „Principe" beziehen, waren Zeiten eines so tiefen Verfalls der öffentlichen und der privaten Freiheit, der Würde des Staatsbürgers und der Achtung vor dem Menschen, daß es eine Beleidigung des Lesers gewesen wäre, diese berühmte Schrift Machiavellis als Vorbild zu nehmen, um einige der wichtigsten Probleme des modernen Europa zu behandeln.

Die politische Geschichte der letzten zehn Jahre ist nicht die Geschichte des Vollzugs des Versailler Vertrages, der wirtschaftlichen Auswirkungen des Krieges, der Bemühungen der Regierungen um die Sicherung des Friedens Europas, sondern die Geschichte des Kampfes zwischen den Verteidigern des Prinzips der Freiheit und der Demokratie, also des parlamentarischen Staates, und seinen Gegnern. Das Verhalten der einzelnen Parteien ist jeweils nur der politische Aspekt dieses Kampfes; und lediglich unter diesem Gesichtspunkt darf man dieses Verhalten betrachten, wenn man die Bedeutung vieler Ereignisse der letzten Jahre verstehen und die Entwicklung der jetzigen inneren Situation einiger Staaten voraussehen will.

Neben den Parteien, die sich für den parlamentarischen Staat und eine Politik des inneren Gleichgewichts einsetzen – d. h. für eine liberale und demokratische Politik: es sind die Konservativen aller Art, von den rechten Liberalen bis zu den linken Sozialisten –, gibt es in fast allen Ländern auch Parteien, die das Problem des Staates auf revolutionären Boden stellen. Es sind die Parteien der extremen Rechten und der extremen Linken, die „Catilinarier“, also Fascisten und Kommunisten. Die Catilinarier der Rechten fürchten die Gefahr der Unordnung. Sie werfen der Regierung Schwäche, Unfähigkeit und Verantwortungslosigkeit vor. Sie vertreten die Notwendigkeit einer eisernen Staatsorganisation und einer strengen Kontrolle des gesamten politischen, sozialen und wirtschaftlichen Lebens. Sie sind die Götzendiener des Staates, die Anhänger eines staatlichen Absolutismus. In einem zentralistischen, autoritären, antiliberalen, antidemokratischen Staat sehen sie die einzige Garantie für Ordnung und Freiheit, den einzigen Schutz vor der Gefahr des Kommunismus. „Alles im Staat, nichts außerhalb des Staates, nichts gegen den Staat“, erklärt Mussolini. Die Catilinarier der Linken erstreben die Eroberung des Staates, um die Diktatur der arbeitenden Klasse zu errichten. „Wo Freiheit ist, gibt es keinen Staat“, erklärt Lenin.

Das Beispiel Mussolinis und Lenins hat großen Einfluß auf die äußeren Formen und die weitere Entwicklung des Kampfes zwischen den Rechts- und Linkscatilinariern und den Verteidigern des liberalen und demokratischen Staates.

Es gibt zweifellos eine fascistische und eine kommunistische Taktik. Aber man muß feststellen, daß bisher weder die Catilinarier noch die Staatsverteidiger bewiesen haben, daß sie wissen, worin die eine wie die andere besteht, ob es Analogien zwischen ihnen gibt und was ihre speziellen Merkmale sind. Die Taktik Béla Kuns hat nichts mit der bolschewistischen Taktik gemein. Der Umsturzversuch Kapps war lediglich ein Militärputsch. Die Staatsstreiche von Primo de Rivera und Pilsudski

scheinen nach den Regeln einer traditionellen Taktik angelegt und ausgeführt zu sein, die keine Analogie zur fascistischen Taktik aufweist. Béla Kun mag vielleicht als modernerer Taktiker, als besserer Techniker und darum gefährlicher als die drei andern erscheinen, aber auch er hat, als er sich das Problem der Eroberung des Staates stellte, gezeigt, daß er nicht wußte, daß es nicht nur eine moderne Aufstandstaktik gibt, sondern auch eine moderne Technik des Staatsstreichs.
Béla Kun glaubt, Trotzki nachzuahmen und merkt nicht, daß er bei den von Marx am Beispiel der Pariser Kommune aufgestellten Regeln stehengeblieben ist. Kapp bildet sich ein, gegen die Weimarer Nationalversammlung den Staatsstreich vom 18. Brumaire wiederholen zu können. Primo de Rivera und Pilsudski denken, daß es, um sich eines modernen Staates zu bemächtigen, genügt, eine verfassungsmäßige Regierung durch Waffengewalt zu stürzen.
Es ist klar, daß weder die Regierungen noch die Catilinarier sich die Frage vorgelegt haben, ob es eine moderne Technik des Staatsstreichs gibt und welches deren Grundregeln sein mögen. Der revolutionären Taktik der Catilinarier setzen die Regierungen weiterhin eine Taktik der Verteidigung entgegen, die ihre absolute Unkenntnis der elementaren Prinzipien der Kunst, einen modernen Staat zu erobern und zu verteidigen, beweist. Solche Unkenntnis ist gefährlich; als Beispiel mögen die Ereignisse einer revolutionären Epoche dienen, die im Februar 1917 in Rußland begann und in Europa, allem Anschein nach, noch nicht zu Ende geht.

DER BOLSCHEWISTISCHE STAATSSTREICH UND DIE TAKTIK TROTZKIS

Ist Lenin der Stratege der bolschewistischen Revolution, so ist Trotzki der Taktiker des Staatsstreichs vom Oktober 1917.

Als ich mich zu Beginn des Jahres 1929 in Rußland aufhielt, hatte ich Gelegenheit, mit vielen Leuten aus den verschiedensten Lebenskreisen über die Rolle zu sprechen, die Trotzki während der Revolution gespielt hatte. Es gibt darüber in der USSR eine offizielle These, die These Stalins. Überall jedoch, besonders in Moskau und Leningrad, wo Trotzkis Partei stärker als anderswo war, hörte ich über ihn Urteile, die mit denen Stalins kaum übereinstimmen. Der einzige, der meine Fragen nicht beantwortete, war Lunatscharski, und lediglich Frau Kamenew hat mir eine objektive Rechtfertigung der stalinschen These gegeben, was nicht erstaunlich ist, wenn man bedenkt, daß Frau Kamenew eine Schwester Trotzkis ist.

Wir können hier auf Stalins und Trotzkis Polemik über die „permanente Revolution“ und über die Rolle, die Trotzki beim Staatsstreich Oktober 1917 spielte, nicht näher eingehen. Stalin leugnet, daß Trotzki dessen Organisator gewesen ist: er beansprucht dieses Verdienst für einen Ausschuß, der sich aus Swerdlow, Stalin, Bubnow, Uritzki und Dserschinski zusammensetzte. Dieser Ausschuß, dem weder Lenin noch Trotzki angehörten, war integrierender Bestandteil des Militärischen Revolutionskomitees, dessen Präsident Trotzki war. Die Polemik zwischen Stalin und dem Theoretiker der „permanenten Revolution“ kann jedoch die Geschichte des Oktoberaufstandes, der, nach Lenins Aussage, von Trotzki organisiert und geleitet wurde, nicht ändern. Lenin ist der Stratege, der Ideologe, der Initiator, der Deus ex machina der Revolution, doch der Schöpfer der Technik des bolschewistischen Staatsstreichs ist Trotzki.

Im modernen Europa besteht die kommunistische Gefahr, gegen die sich die Regierungen zu verteidigen haben, nicht in der Strategie Lenins, sondern in der Taktik Trotzkis. Ohne Berücksichtigung der allgemeinen Lage Rußlands im Jahre 1917 läßt sich die Strategie Lenins nicht verstehen. Die Taktik Trotzkis dagegen ist nicht an die allgemeine Situation des Landes gebunden, ihre Anwendung hängt nicht von den Umständen ab, die für Lenins Strategie unentbehrlich sind. Die Taktik Trotzkis macht in jedem europäischen Land einen kommunistischen Staatsstreich zur ständigen Gefahr. Mit anderen Worten: die Strategie Lenins kann, in welch westeuropäischem Staate immer, nur auf günstigem Boden und unter den gleichen Umständen angewandt werden, in denen sich Rußland 1917 befand. In den „Kinderkrankheiten des Kommunismus" bemerkt Lenin selbst, daß die Besonderheit der politischen Lage Rußlands 1917 in vier spezifischen Umständen bestand, die, fügt er hinzu, augenblicklich in Westeuropa nicht gegeben sind und die sich dort schwerlich, weder gleichartig noch analog, erneut einstellen werden. Es ist hier überflüssig, diese vier spezifischen Umstände auseinanderzusetzen, denn man weiß, worin die Einmaligkeit der russischen politischen Lage 1917 bestand. Die Strategie Lenins stellt also keine unmittelbare Gefahr für die Regierungen Europas dar. Die gegenwärtige und permanente Gefahr für sie ist die Taktik Trotzkis.

In seinen Bemerkungen über die „Oktoberrevolution und die Taktik der russischen Kommunisten" schreibt Stalin, daß bei einer Beurteilung der Vorgänge im Herbst 1923 in Deutschland die besondere Lage Rußlands im Jahre 1917 nicht übersehen werden darf. Er fügt hinzu, daß „Genosse Trotzki daran denken müßte, er, der eine vollkommene Analogie zwischen der Oktoberrevolution und der deutschen Revolution feststellt und die deutsche kommunistische Partei wegen ihrer wirklichen und angeblichen Fehler geißelt". Nach Stalin ist das Fehlen der spezifischen Umstände, die für die Anwendung der Strategie Lenins unerläßlich sind, die Ursache für den Fehlschlag des deutschen Revolutionsversuchs im Herbst 1923. Er wundert sich, daß Trotzki die deutschen Kommunisten dafür verantwortlich macht. Aber für Trotzki hängt das Gelingen eines Revolutionsversuchs nicht vom Vorhandensein von Bedingungen ab, die jenen gleichen, in denen sich Rußland 1917 befand.

Was die deutsche Revolution im Herbst 1923 mißlingen ließ, war nicht die Unmöglichkeit, die Strategie Lenins anzuwenden. Der unverzeihbare Irrtum der deutschen Kommunisten ist, die bolschewistische Taktik des Aufstands nicht angewendet zu haben. Die Anwendung der Trotzkischen Taktik ist nicht von den günstigen Umständen und von der allgemeinen Situation des Landes abhängig. Das Versagen der deutschen Kommunisten ist nicht zu entschuldigen.

Seit dem Tode Lenins hat die große Häresie Trotzkis die doktrinäre Einheit des Leninismus bedroht. Trotzki ist ein Protestant, der kein Glück gehabt hat. Dieser Luther ist im Exil, und jene seiner Anhänger, die nicht die Unklugheit begingen, zu spät zu bereuen, haben sich beeilt, offiziell zu früh zu bereuen. Aber man trifft noch oft genug Ketzer in Rußland, die den Sinn für Kritik nicht verloren haben und sich darin üben, die unvorhergesehensten Folgerungen aus Stalins Logik zu ziehen. Diese Logik führt zu dem Schluß, daß es keinen Lenin ohne Kerenski geben kann, da Kerenski eines der hauptsächlichen Elemente der außergewöhnlichen Lage Rußlands im Jahre 1917 war. Aber Trotzki benötigt keinen Kerenski. Die Existenz Kerenskis hat die Anwendung von Trotzkis Taktik nicht günstiger oder ungünstiger beeinflußt als die Existenz Stresemanns, Poincarés,

Lloyd Georges, Giolittis oder Macdonalds. Man setze Poincaré an die Stelle Kerenskis: der bolschewistische Staatsstreich vom Oktober 1917 wäre ebensogut gelungen. Ich habe in Moskau wie in Leningrad Anhänger der ketzerischen Theorie von der „permanenten Revolution" getroffen, die sogar behaupteten, Trotzki hätte Lenin entbehren können. Das bedeutet, daß im Oktober 1917 Trotzki sich auch in den Besitz der Macht gesetzt hätte, wenn Lenin in der Schweiz geblieben wäre und keine Rolle in der russischen Revolution gespielt hätte. Eine gewagte Behauptung, die aber nur in den Augen jener willkürlich erscheint, die bei Revolutionen die Bedeutung der Strategie überschätzen. Was zählt, ist die Taktik des Aufstandes, die Technik des Staatsstreichs. In der kommunistischen Revolution bildet die Strategie Lenins keine unerläßliche Vorbereitung für die Taktik des Aufstands. Sie kann von sich aus nicht zur Eroberung des Staates führen. Während der Jahre 1919 und 1920 war in Italien die Strategie Lenins in vollem Umfang angewendet worden; Italien war zu dieser Zeit das für die kommunistische Revolution reifste Land. Alles war zum Staatsstreich bereit. Aber die italienischen Kommunisten glaubten, daß die revolutionäre Situation des Landes, das Aufruhrfieber der proletarischen Massen, die Generalstreikepidemie, die Lähmung des wirtschaftlichen und politischen Lebens, die Besetzung der Fabriken durch die Arbeiter und des Agrarlandes durch die Kleinbauern, die Desorganisation der Armee, der Polizei, der Bürokratie, die Schwäche der Gerichte, die Resignation der Bourgeoisie und die Ohnmacht der Regierung genügen würden, damit den Arbeitern die Macht zufiele. Das Parlament gehörte den Linksparteien, seine Tätigkeit stützte die revolutionäre Aktion der Gewerkschaften. Es fehlte nicht der Wille, sich in den Besitz der Macht zu setzen, es fehlte die Kenntnis der Taktik des Aufstands. Die Revolution erschöpfte sich in Strategie.

Die Strategie war die Vorbereitung für den entscheidenden Angriff: aber niemand wußte, wie der Angriff zu führen war. Man ging so weit, in der Monarchie (die man damals sozialistische Monarchie nannte) ein ernstes Hindernis für die Aufstandsattacke zu sehen. Die parlamentarische Mehrheit der Linken machte sich Sorgen über die Aktion der Gewerkschaften, die die Eroberung der Macht außerhalb des Parlaments und sogar gegen das Parlament befürchten ließ. Die Gewerkschaften mißtrauten der Tätigkeit des Parlaments, weil diese tendierte, die Revolution der Proletarier in einen Kabinettswechsel zugunsten der Kleinbürger zu verwandeln. Wie sollte man den Staatsstreich organisieren? Das war das Problem in den Jahren 1919 und 1920; nicht nur in Italien, sondern in fast allen Ländern Westeuropas. Die Kommunisten, sagte Trotzki, verstehen nicht, aus der Lektion des Oktober 1917 Nutzen zu ziehen, die nicht eine Lektion in revolutionärer Strategie, sondern in Taktik des Aufstandes ist.

Diese Bemerkung Trotzkis ist sehr wichtig, um verständlich zu machen, worin die Taktik des Staatsstreichs vom Oktober 1917, die Technik also des kommunistischen Staatsstreichs, besteht.
Man könnte einwenden, daß die Taktik des Aufstands ein Teil der revolutionären Strategie ist, deren Abschluß. Zu diesem Punkt sind die Gedanken Trotzkis sehr klar. Wir sahen bereits, daß für ihn die Taktik des Aufstands nicht von den allgemeinen Bedingungen, in denen sich das Land befindet, abhängt, noch von dem Vorhandensein einer für den Aufstand günstigen revolutionären Situation. Um die Taktik vom Oktober 1917 in die Praxis umzusetzen, bot das Rußland Kerenskis nicht geringere Schwierigkeiten als Holland oder die Schweiz. Die vier spezifischen Umstände, die Lenin in den „Kinderkrankheiten des Kommunismus“ aufzeigt

(das heißt: die Möglichkeit, die bolschewistische Revolution mit der Liquidierung eines imperialistischen Krieges zu verbinden; die Gelegenheit, eine gewisse Zeit vom Krieg zwischen zwei Mächtegruppen zu profitieren, die sich ohne diesen Krieg vereinigt hätten, um die bolschewistische Revolution zu bekämpfen; die Fähigkeit, einen verhältnismäßig langen Bürgerkrieg durchzuhalten, infolge der ungeheuren Größe Rußlands und des schlechten Zustands der Verkehrswege; das Vorhandensein einer bürgerlich-demokratischen revolutionären Bewegung in der Masse der Landbevölkerung), charakterisieren die Situation Rußlands im Jahre 1917, sie sind aber für das Gelingen eines kommunistischen Staatsstreichs nicht unerläßlich. Wenn die bolschewistische Aufstandstaktik von denselben Umständen abhinge wie die Strategie Lenins, dann gäbe es derzeit nicht in allen Ländern Europas eine kommunistische Gefahr.

In seiner strategischen Konzeption hatte Lenin keinen Sinn für die Wirklichkeit, fehlten ihm Genauigkeit und Maß. Er verstand die revolutionäre Strategie im Sinne von Clausewitz mehr als eine Philosophie denn als eine Kunst oder eine Wissenschaft. Nach dem Tode Lenins fand man unter seinen Lieblingsbüchern das grundlegende Werk von Clausewitz über den *Krieg*, mit Anmerkungen von seiner Hand; und seine Randbemerkungen in der Schrift von Marx, *Der Bürgerkrieg in Frankreich*, lassen erkennen, wie sehr das Mißtrauen Trotzkis gegen Lenins strategisches Genie begründet war. Es ist unbegreiflich, aus welchem Grunde – wenn nicht um den Trotzkismus zu bekämpfen – man in Rußland der revolutionären Strategie Lenins offiziell eine solche Bedeutung beimißt. Bei der historischen Rolle, die er in der Revolution spielte, hat Lenin es nicht nötig, als großer Stratege ausgegeben zu werden.

Am Vorabend des Oktoberaufstands ist Lenin optimistisch und ungeduldig. Die Wahl Trotzkis ins Präsidium des Petrograder Sowjets und des Militärischen Revolutionskomitees und die Eroberung der Mehrheit im Moskauer Sowjet haben ihn endlich über die Frage der Mehrheit in den Sowjets beruhigt, die ihn seit den Julitagen unaufhörlich beschäftigt hatte. Trotzdem ist er nicht ohne Unruhe über den zweiten Kongreß der Sowjets, der in den letzten Oktobertagen zusammentreten soll. „Es ist nicht notwendig, daß wir dort die Mehrheit haben", sagt Trotzki, „denn nicht diese Mehrheit wird die Macht zu ergreifen haben." Im Grunde hat Trotzki nicht unrecht. „Es wäre naiv", gibt Lenin zu, „darauf zu warten, bis wir die formelle Mehrheit haben." Er möchte die Massen gegen die Regierung Kerenskis aufputschen, Rußland mit der proletarischen Flut überschwemmen, dem ganzen russischen Volke das Signal zum Aufstand geben, vor den Räte-Kongreß hintreten, Dan und Skobelew, den beiden Führern der menschewistischen Mehrheit, die Hände binden, den Sturz der Regierung Kerenski und den Beginn der Diktatur des Proletariats proklamieren. Er entwirft keine Taktik des Aufstands; er plant nur eine revolutionäre Strategie. „Schön und gut", sagt Trotzki, „doch vor allem müssen wir die Stadt besetzen, uns der strategischen Punkte bemächtigen, die Regierung ausheben. Dazu ist nötig, den Aufstand zu organisieren, eine Stoßtruppe zu bilden und einzuüben. Eine Handvoll Leute; die Massen dienen uns zu nichts; eine kleine Truppe genügt."

Aber Lenin will nicht, daß man dem bolschewistischen Aufstand Blanquismus – die Lehre Blanquis von der Machtergreifung durch die Minderheit – vorwerfen kann. „Der Aufstand", sagte er, „soll sich nicht auf ein Komplott, nicht auf eine Partei stützen, sondern auf die fortgeschrittene Klasse. Das ist der erste Punkt. Der Aufstand muß sich auf die revolutionäre Stoßkraft des ganzen Volkes stützen. Das ist der zweite Punkt. Der Aufstand muß in dem Augenblick ausbrechen, in dem die ansteigende Revolution den Scheitelpunkt erreicht. Das ist der dritte Punkt. Durch diese drei Bedingungen unterscheidet sich der Marxismus vom Blanquismus."

„Alles richtig", sagt Trotzki, „aber das ganze Volk, das ist zuviel für den Aufstand. Man braucht eine kleine, kaltblütige und gewalttätige Truppe, die in der Taktik des Aufstands ausgebildet ist."

„Wir müssen", gibt Lenin zu, „unsere ganze Fraktion in die Fabriken und in die Kasernen werfen. Dort ist ihr Platz, dort ist der entscheidende Knotenpunkt, das Heil der Revolution. Dort müssen wir in feurigen, flammenden Reden unser Programm entwickeln und erklären, und die Frage so stellen: entweder vollständige Annahme dieses Programms oder den Aufstand!"

„Alles richtig", sagt Trotzki, „aber wenn die Massen unser Programm annehmen, werden wir trotzdem den Aufstand organisieren müssen. Aus den Fabriken und den Kasernen werden wir uns zuverlässige Elemente holen müssen, die zu allem bereit sind. Wir brauchen nicht die Masse der Arbeiter, Deserteure und Flüchtlinge: wir brauchen einen Stoßtrupp."

„Um den Aufstand marxistisch zu handhaben, das heißt kunstgerecht", stimmt Lenin bei, „müssen wir zur gleichen Zeit und ohne eine Minute zu verlieren den Stab der aufständischen Truppen organisieren, unsere Kampfkräfte verteilen, die zuverlässigen Regimenter auf die wichtigsten Punkte entsenden, das Alexandra-Theater einschließen, die Peter-Paul-Festung besetzen, den Generalstab und die Regierung verhaften, gegen die Junker und gegen die Kosaken der „wilden" Division erprobte Kampfgruppen einsetzen, die bereit sind, sich eher bis zum letzten Mann zu opfern, als den Feind ins Innere der Stadt eindringen zu lassen. Wir müssen die bewaffneten Arbeiter mobilisieren, sie zum letzten Kampf aufrufen, gleichzeitig die Telephon- und Telegraphenzentralen besetzen, unsern Generalstab des Aufstands in der Telephonzentrale installieren, ihn telegraphisch mit allen Fabriken, allen Regimentern in Verbindung setzen, mit allen Punkten, an denen sich der bewaffnete Kampf abspielt."

„Sehr richtig", sagt Trotzki, „aber ..."

„All das", bekennt Lenin, „ist nur approximativ, aber ich wollte damit erklären, daß wir im jetzigen Augenblick dem Marxismus und der Revolution nicht treu bleiben können, ohne den Aufstand als Kunst zu handhaben. Sie kennen die Hauptregeln, die Marx für diese Kunst aufgestellt hat. Auf die gegenwärtige Lage Rußlands angewendet, besagen diese Regeln: gleichzeitige Offensive, so plötzlich und so schnell wie möglich, auf Petrograd von außen und von innen her, von den Arbeitervierteln und von Finnland, von Reval und von Kronstadt, Offensive der ganzen Flotte, Konzentration der Kräfte, die weit die 20 000 Mann Junker und Kosaken übersteigen, über die die Regierung verfügt. Kombination unserer drei Hauptkräfte, der Flotte, der Arbeiter und der Militäreinheiten, um in erster Linie das Telephon, den Telegraph, die Bahnhöfe, die Brükken zu besetzen und um jeden Preis zu halten. Auswahl der entschlossensten Elemente aus unsern Stoßtruppen, Arbeitern und Matrosen, und Bildung von Abteilungen mit dem Auftrag, alle wichtigen Punkte zu besetzen und bei allen entscheidenden Operationen einzugreifen. Außerdem sind Gruppen von Arbeitern zusammenzustellen, mit Gewehren und Handgranaten auszurüsten, um gegen die feindlichen Stellungen, die Junkerschulen, die Telephon- und Telegraphenzentralen zu marschieren und diese einzuschließen. Der Triumph der russischen Revolution und damit der Weltrevolution hängt von zwei oder drei Kampftagen ab."

„Das ist alles sehr richtig", sagt Trotzki, „aber zu kom-

pliziert. Es ist ein zu weitausgreifender Plan, eine Strategie, die zuviel Gelände und zu viele Menschen umfaßt. Das ist kein Aufstand mehr, das ist ein Krieg. Um Petrograd zu besetzen, braucht man nicht in Finnland zu beginnen. Liegt der Ausgangspunkt zu fern, bleibt man oft auf halbem Wege stehen. Eine Offensive von 20 000 Mann von Reval oder von Kronstadt aus in Bewegung zu setzen, um sich des Alexandra-Theaters zu bemächtigen, das ist mehr als nötig, ist mehr als ein Handstreich. In der Strategie würde selbst Marx von Kornilow geschlagen werden. Man muß sich an die Taktik halten, mit wenig Leuten auf einem begrenzten Abschnitt handeln, seine Anstrengungen auf die Hauptobjekte konzentrieren, direkt und hart zuschlagen, geräuschlos. Ich glaube nicht, daß das so kompliziert ist. Gefährliche Dinge sind immer äußerst einfach. Um Erfolg zu haben, darf man weder ungünstige Umstände scheuen, noch sich auf günstige verlassen. Man muß in den Leib stoßen, das macht keinen Lärm. Der Aufstand ist eine Maschine, die lautlos arbeitet. Ihre Strategie beansprucht zu viele günstige Umstände; der Aufstand benötigt nichts. Er ist selbstgenügsam."
„Ihre Taktik ist außerordentlich einfach", sagt Lenin; „sie kennt nur eine Regel: Erfolg. Sie halten mehr von Napoleon als von Kerenski, nicht wahr?"

Die Worte, die ich Lenin in den Mund lege, sind nicht erdacht, man findet sie alle in seinen Briefen vom Oktober 1917 an das Zentralkomitee der bolschewistischen Partei. Wer alle Schriften Lenins kennt, vor allem seine Bemerkungen über die Technik des Aufstands der Dezembertage in Moskau während der Revolution von 1905, wird über die Naivität der Ideen, die er am Vorabend des Oktober 1917 von Taktik und Technik des Aufstandes hatte, erstaunt sein. Trotzdem muß zugegeben werden, daß er neben Trotzki der einzige war, der nach dem Mißlingen des Versuches im Juli das Hauptziel der revolutionären Strategie nicht aus dem Auge verlor: den Staatsstreich. Nach einigem Zögern (im Juli hatte die bolschewistische Partei nur ein Ziel parlamentarischer Natur: die Eroberung der Mehrheit in den Sowjets) war die Idee des Aufstands für Lenin, wie Lunatscharski sagte, zum Motor seiner gesamten Tätigkeit geworden. Aber während seines Aufenthalts in Finnland, wohin er sich nach den Julitagen geflüchtet hatte, um nicht in die Hände Kerenskis zu fallen, bestand seine Tätigkeit nur darin, den Aufstand theoretisch vorzubereiten. Anders läßt sich die Naivität seines Projekts einer militärischen Offensive auf Petrograd, die im Innern der Stadt von den roten Garden unterstützt würde, nicht erklären. Die Offensive hätte mit einer Katastrophe geendet; das Mißlingen der Leninschen Strategie hätte zum Bankrott der Technik des Aufstands, zum Massaker der roten Garden in den Straßen Petrograds geführt.

Gezwungen, den Ereignissen von ferne zu folgen, konnte Lenin die Situation nicht in allen Einzelheiten erfassen; aber er sah die großen Linien der Revolution klarer als gewisse Mitglieder des Zentralkomitees der Partei, die gegen den sofortigen Aufstand waren. „Warten ist ein Verbrechen“, schrieb er an die bolschewistischen Komitees von Petrograd und Moskau. Obgleich im Verlauf der Sitzung vom 10. Oktober, an der auch Lenin, aus Finnland zurückgekommen, teilnahm, das ganze Zentralkomitee, mit Ausnahme von Kamenew und Sinowiew, für den Aufstand gestimmt hatte, bestand bei einigen Mitgliedern des Komitees eine dumpfe Opposition weiter. Kamenew und Sinowiew waren die einzigen, die sich offen gegen den sofortigen Aufstand erklärten; aber ihre Gegenargumente wurden insgeheim von vielen anderen geteilt. Die Feindseligkeit jener, die im geheimen die Entscheidung Lenins mißbilligten, wandte sich hauptsächlich gegen Trotzki, „den unsympathischen Trotzki“, der eben erst der bolschewistischen Partei beigetreten war und dessen hochmütiger Charakter manche Sorge und Eifersucht unter der alten Leninschen Garde zu erwecken begann.

Lenin hielt sich während dieser Tage in einem Vorort Petrograds verborgen. Ohne das Ganze der politischen Lage aus dem Auge zu verlieren, überwachte er aufmerksam die Winkelzüge der Gegner Trotzkis. In diesem Augenblick wäre jedes Zögern für die Revolution verhängnisvoll gewesen. In einem Brief, den er am 17. Oktober an das Zentralkomitee richtete, wandte sich Lenin mit größter Energie gegen die Kritiken Kamenews und Sinowiews, deren Einwände vor allem bezweckten, die Irrtümer Trotzkis zu beweisen: „Ohne Mitwirkung der Massen“, behaupteten sie, „und ohne Unterstützung durch den Generalstreik wird der Aufstand ein zum Scheitern verurteilter Gewaltstreich sein. Trotzkis Taktik ist nichts anderes als Blanquismus. Eine marxistische Partei kann den Aufstand nicht auf ein Militärkomplott reduzieren.

In seinem Brief vom 17. Oktober verteidigt Lenin die Taktik Trotzkis. „Es ist kein Blanquismus“, sagt er. „Denn ein Militärkomplott ist nur dann reiner Blanquismus, wenn es nicht von der Partei einer bestimmten Klasse organisiert ist, wenn die Organisatoren nicht dem politischen Moment im allgemeinen und der internationalen Lage im besonderen gerecht werden. Zwischen einem Militärkomplott, das in jeder Hinsicht zu verdammen ist, und der Kunst des bewaffneten Aufstands besteht ein großer Unterschied.“ Kamenew und Sinowiew hätten darauf ohne weiteres antworten können: hat Trotzki nicht ständig behauptet, daß der Aufstand unabhängig ist von der politischen und ökonomischen Lage des Landes? Hat er nicht ständig erklärt, daß der Generalstreik eines der wichtigsten Elemente der Tech-

nik des kommunistischen Staatsstreichs ist? Wie soll man mit der Unterstützung der Gewerkschaften und mit der Ausrufung des Generalstreiks rechnen, wenn man die Gewerkschaften nicht für sich hat, wenn die Gewerkschaften mit dem Gegner sind? Sie werden gegen uns streiken. Wir haben nicht einmal mit den Eisenbahnern feste Verbindung. Im Exekutivkomitee der Eisenbahner sind von den vierzig Mitgliedern nur zwei Bolschewiki. Können wir siegen ohne die Hilfe der Gewerkschaften, ohne die Unterstützung durch den Generalstreik?
Ein schwerwiegender Einwand; Lenin hat ihm nichts entgegenzusetzen als seine unumstößliche Entscheidung. Aber Trotzki lächelt; er ist ruhig. „Der Aufstand", sagt er, „ist keine Kunst, er ist eine Maschine. Um sie in Bewegung zu setzen, braucht man Techniker; nicht Bedenken, nur Techniker können sie zum Stillstand bringen."

Die Stoßtruppe Trozkis setzt sich aus etwa tausend Arbeitern, Soldaten und Matrosen zusammen. Die Elite dieses Korps wurde aus Arbeitern der Putilow- und Wiborgwerke, Matrosen der baltischen Flotte und Soldaten der lettischen Regimenter rekrutiert. Zehn Tage lang proben diese Roten Garden unter dem Kommando Antonow-Owsejenkos eine Reihe von „unsichtbaren Manövern" im Innern der Stadt. Zwischen den vielen Deserteuren, die die Stadt füllen, inmitten der Unordnung, die in den Regierungspalästen, in den Ministerien, in den Bureaus des Generalstabs, in den Postämtern, in den Telephon- und Telegraphenzentralen, auf den Bahnhöfen, in den Kasernen und in den Direktionen der Versorgungsdienste der Hauptstadt herrscht, üben sie sich am hellen Tage und ohne Waffen in der Taktik des Aufstands, und ihre kleinen Gruppen (drei oder vier Mann) bleiben unbemerkt.
Die Taktik der „unsichtbaren Manöver", des Trainings im Aufstand, wovon Trotzki während des Staatsstreichs

im Oktober 1917 das erste Beispiel gab, gehört jetzt zur revolutionären Strategie der Dritten Internationale. In den Handbüchern der Komintern liest man die Darlegung und die Entwicklung der von Trotzki angewandten Prinzipien. An der Chinesischen Universität in Moskau findet man unter den Unterrichtsfächern die Taktik der „unsichtbaren Manöver", die Borodin, auf die Erfahrung Trotzkis gestützt, so gut in Shanghai anwendete. In der Moskauer Sun-Yat-Sen-Universität in der Wolkonkastraße lernen die chinesischen Studenten die gleichen Grundsätze, die die kommunistischen Organisationen Deutschlands jeden Sonntag, am hellen Tag, unter den Augen der Polizei und der braven Bürger von Berlin, Dresden oder Hamburg erproben, um sich in der Taktik des Aufstands zu üben.

Im Oktober 1917 bringt während der Tage, die dem Staatsstreich vorangehen, die reaktionäre, liberale, menschewistische und sozialrevolutionäre Presse Berichte für die Öffentlichkeit über die Tätigkeit der bolschewistischen Partei, die offen den Aufstand vorbereitet. Lenin und Trotzki werden beschuldigt, die demokratische Republik stürzen zu wollen, um die Diktatur des Proletariats zu errichten. Sie machen aus ihren verbrecherischen Plänen kein Geheimnis, heißt es in den bürgerlichen Zeitungen; die Organisation der proletarischen Revolution geht am hellen Tag vor sich. In ihren Reden zu den Massen der in Fabriken und Kasernen massierten Arbeiter und Soldaten verkünden die bolschewistischen Führer mit lauter Stimme, daß alles bereit und daß der Tag der Empörung nahe ist. Was tut die Regierung? Warum hat sie Lenin, Trotzki und die andern Mitglieder des Zentralkomitees noch nicht verhaftet? Welche Maßnahmen hat sie getroffen, um Rußland gegen die bolschewistische Gefahr zu verteidigen?

Es ist nicht wahr, daß die Regierung Kerenski nicht die

notwendigen Maßnahmen zur Verteidigung des Staates getroffen hat. Kerenski, das muß man ihm gerechterweise zugestehen, hatte getan, was in seiner Macht stand, um einem Staatsstreich vorzubeugen: Poincaré, Lloyd George, Macdonald, Giolitti oder Stresemann hätten an seiner Stelle nicht anders gehandelt. Die Verteidigungsmethode Kerenskis bestand in der Anwendung jener Polizeimaßnahmen, auf die sich zu allen Zeiten und noch in unseren Tagen die absoluten Herrscher wie die liberalen Regierungen verlassen haben. Es ist ungerecht, Kerenski mangelnde Voraussicht und Unfähigkeit vorzuwerfen. Polizeimaßnahmen genügen nicht mehr, den Staat gegen die moderne Aufstandstechnik zu verteidigen. Der Irrtum Kerenskis ist der Irrtum aller Regierungen, die das Problem der Staatsverteidigung als ein Polizeiproblem ansehen.

Jene, die Kerenski mangelnde Voraussicht und Unfähigkeit vorwerfen, vergessen den Mut und die Geschicklichkeit, die er während der Julitage gegen die Revolte der Arbeiter und Deserteure und im August gegen das reaktionäre Abenteuer Kornilows bewiesen hatte. Im August hatte er nicht gezögert, sogar die bolschewistischen Kräfte aufzurufen, um die Kosaken Kornilows zu hindern, die demokratischen Errungenschaften der Februarrevolution hinwegzufegen. Kerenskis Verhalten hatte sogar Lenin verwundert: „Man muß sich vor Kerenski in acht nehmen", sagte er, „der ist kein Dummkopf." Um Kerenski gerecht zu werden: er konnte im Oktober nicht anders handeln, als er handelte. Trotzki behauptete, die Verteidigung des Staates sei eine Frage der Methode. Im Oktober 1917 kannte man nur eine einzige Methode und nur eine einzige konnte angewendet werden, ob von Kerenski oder Lloyd George, von Poincaré oder Noske: die klassische Methode der Polizeimaßnahmen.

Um der Gefahr entgegenzutreten, läßt Kerenski das Winterpalais, das Taurische Palais, die Ministerien, die Telephon- und Telegraphenzentralen und den Sitz des Generalstabs mit regierungstreuen Truppen, Junkern und Kosaken, besetzen. Die 20 000 Mann, auf die er in der Hauptstadt zählen kann, sind also mobilisiert, um die strategischen Punkte der politischen und bureaukratischen Organisation des Staates zu sichern. Das ist der Fehler, von dem Trotzki profitieren wird. Andere sichere Regimenter sind in der Umgebung zusammengezogen, in Zarskoje-Selo, in Kolpino, in Gatschina, in Obuchowo, in Pulkowo: ein eiserner Ring, den der bolschewistische Aufstand aufbrechen muß, um nicht erstickt zu werden. Alle Vorkehrungen, die die Sicherheit der Regierung garantieren, waren getroffen, und Abteilungen von Junkern durchstreifen Tag und Nacht die Stadt. Maschinengewehrnester befinden sich an den Kreuzungen, an den Endpunkten der großen Verkehrsadern, am Zugang zu Plätzen und auf den Dächern den ganzen Newski-Prospekt entlang. Soldatenpatrouillen überall zwischen der Menschenmenge, Panzerautos fahren langsam vorüber, bahnen sich mit langem Sirenengeheul den Weg. Ein gewaltiges Durcheinander. „Das ist mein Generalstreik", sagt Trotzki zu Antonow-Owsejenko beim Anblick der Menschenmenge auf dem Newski-Prospekt.

Kerenski hat sich indessen nicht mit Polizeimaßnahmen begnügt; er hat die ganze politische Maschine in Bewegung gesetzt. Er denkt nicht daran, sich mit den Elementen der Rechten zu verbünden: er will sich um jeden Preis die Unterstützung der Linken sichern. Was ihm Sorge macht, sind die Gewerkschaften. Er weiß, daß ihre Führer mit den Bolschewisten nicht einig sind. In diesem Punkt ist die Kritik Kamenews und Sinowiews an der Aufstandsthese Lenins und der Taktik Trotzkis berechtigt. Der Generalstreik ist ein für den Aufstand unerläßliches Element. Ohne ihn haben die Bolschewiki keine Rückendeckung, sie werden ihr Ziel verfehlen. Trotzki hat den Aufstand als „Faustschlag gegen einen Gelähmten" definiert. Damit der Aufstand gelingt, muß das Leben Petrograds durch den Generalstreik gelähmt sein. Die Führer der Gewerkschaften sind mit den Bolschewiki nicht einig, doch die organisierten Massen neigen zu Lenin. Weil er die Massen nicht für sich hat, will Kerenski die Gewerkschaftsführer gewinnen; er verhandelt mit ihnen und erreicht endlich, nicht ohne Mühe, ihre Neutralität. Als Lenin davon benachrichtigt wird, erklärt er Trotzki: „Kamenew hatte recht. Ohne die Unterstützung des Generalstreiks muß Ihre Taktik scheitern." – „Ich habe die Unordnung für mich", erwidert Trotzki, „das ist besser als ein Generalstreik."

Um den Plan Trotzkis zu verstehen, muß man sich darüber klar sein, was Petrograd damals war: gewaltige Massen von Deserteuren, die zu Beginn der Februarrevolution die Schützengräben verlassen hatten und sich über die Hauptstadt ergossen, sich auf sie gestürzt hatten, als gelte es, das Reich der Freiheit zu plündern, lagerten seit sechs Monaten auf Straßen und Plätzen, zerlumpt, verdreckt, verkommen, betrunken und ausgehungert, scheu und wild, bereit zur Revolte und zur Flucht, das Herz brennend vor Durst nach Frieden und Rache. An den Gehsteigen des Newski-Prospekts hockend, am Ufer des langsam und lärmend dahinfließenden Menschenstromes, verhökern endlose Reihen von Deserteuren Waffen, Propagandabroschüren, Zigaretten, Sonnenblumenkerne. Auf dem Snamenskaja-Platz, vor dem Moskauer Bahnhof, ist das Durcheinander unbeschreiblich: die Menge flutet gegen die Mauern, ebbt zurück, nimmt erneuten Anlauf, rollt vorwärts, bricht sich wie schäumende Wogen am Wall der Wagen, Karren, Straßenbahnen, die um die Statue Alexanders III. gestaut sind,

ein betäubendes Geschrei, das sich von weitem wie das Geschrei eines Massakers anhört.
Jenseits der Fontanka-Brücke, an der Kreuzung des Newski- und des Liteini-Prospekts, rufen die Händler ihre Zeitungen aus; sie brüllen aus vollem Halse die letzten Ereignisse, Maßnahmen Kerenskis, die Proklamationen des militärischen Revolutionskomitees, des Sowjets, der Stadtduma, die Befehle des Platzkommandanten, Oberst Polkownikow, der den Deserteuren mit Gefängnis droht und Demonstrationen, Versammlungen und Saalschlachten verbietet. In den Straßen Zusammenrottungen von Arbeitern, Soldaten, Studenten, Angestellten, Matrosen, die schreiend und gestikulierend diskutieren. Überall, in Cafés und in den Stalowajas, lacht man über die Proklamationen von Oberst Polkownikow, der die 200 000 Deserteure in Petrograd verhaften und Raufereien verbieten will. Vor dem Winterpalais stehen zwei Batterien 7.5, die Junker in ihren langen Mänteln gehen nervös hinter den Geschützen auf und ab. Zwei Reihen von Militärfahrzeugen sind vor dem Palais des Generalstabs aufgefahren. In Richtung der Admiralität ist der Alexander-Garten von einem Bataillon Frauen besetzt, die um die zusammengestellten Gewehre auf der Erde sitzen.
Der Marinskaja-Platz ist überfüllt von Arbeitern, Seeleuten, zerlumpten, halbverhungerten Deserteuren. Am Eingang des Marien-Palais, wo der Rat der Republik residiert, hält ein Trupp Kosaken Wache, die hohen schwarzen Fellmützen übers Ohr gestülpt. Sie rauchen, reden und lachen. Wer die Kuppel der Isaak-Kathedrale erstiege, könnte im Westen dicke Rauchwolken über den Putilow-Werken aufsteigen sehen, in denen die Arbeiter bei ihrer Arbeit das geladene Gewehr über der Schulter tragen; weiter draußen den Finnischen Meerbusen; dahinter die Insel Kotlin und die Festung Kronstadt; das Rote Kronstadt, wo die Matrosen mit

ihren hellen Kinderaugen das Signal Djibenkos erwarten, um Trotzki zu Hilfe zu kommen und die Junker zu massakrieren. Auf der andern Seite der Stadt liegt rötlicher Nebel schwer über den zahllosen Schornsteinen der Vorstadt Wiborg, wo sich Lenin versteckt hält, blaß und fiebernd unter seiner Perücke, die ihm das Aussehen eines kleinen Provinzkomödianten gibt. In diesem Mann ohne Bart, mit dem auf die Stirn geklebten falschen Haar, hätte niemand den schrecklichen Lenin erkennen können, der ganz Rußland erzittern ließ. Dort in den Fabriken Wiborgs erwarten Trotzkis rote Garden die Befehle Antonow-Owsejenkos. Die Frauen der Vorstädte haben harte Augen, glanzlosen Blick. Gegen Abend, sobald die Dunkelheit die Straßen zu weiten scheint, machen sich Trupps bewaffneter Frauen auf den Weg ins Innere der Stadt. Es sind die Tage der proletarischen Wanderungen: riesige Massen wandern von einem Ende Petrograds zum andern, kommen in ihre Stadtviertel, in ihre Straßen zurück, nach stundenlangem Marsch quer durch Meetings, Kundgebungen und Tumultszenen. In den Kasernen, in den Fabriken und auf den Plätzen folgt Meeting auf Meeting. Alle Macht den Sowjets! Die rauhe Stimme der Redner verhallt zwischen den wehenden roten Fahnen. Auf den Dächern der Häuser hören Kerenskis Soldaten, neben ihren Maschinengewehren sitzend, diesen heiseren Stimmen zu, Sonnenblumenkerne kauend, deren Schalen sie auf die in den Straßen drängende Menge hinabwerfen.

Die Nacht senkt sich über die Stadt wie eine tote Wolke. Auf dem endlosen Newski-Prospekt brandet die Flut der Deserteure zur Admiralität hin. Vor der Kasan-Kathedrale biwakieren auf der Erde Hunderte von Soldaten, Frauen und Arbeitern. Die ganze Stadt versinkt in Unruhe, in Verwirrung, im Delirium. Dann plötzlich werden aus dieser Menge mit Messern bewaffnete Männer auftauchen, werden sich auf die Patrouillen der Junker und das Frauenbataillon stürzen, das das Winterpalais verteidigt. Andere werden die Türen einschlagen und in die Häuser der Besitzbürger eindringen, die mit offenen Augen zu Bette liegen. Das Aufstandsfieber hat den Schlaf der Stadt getötet. Petrograd kann, wie Lady Macbeth, nicht mehr schlafen. Blutgeruch geistert durch seine Nächte.

Seit zehn Tagen trainieren Trotzkis rote Garden methodisch im Zentrum der Stadt. Antonow-Owsejenko dirigiert am hellen Tage diese taktischen Übungen, diese Art von Generalprobe des Staatsstreichs inmitten des Straßentumults bei den Gebäuden, die die strategischen Punkte des bureaukratischen und politischen Apparates sind. Polizei und militärische Kommandostellen sind derart von der Idee einer plötzlichen Erhebung der proletarischen Massen besessen, derart damit beschäftigt, diese Gefahr abzuwehren, daß sie von den Gruppen Antonow-Owsejenkos gar nichts wahrnehmen. Wer achtet in diesem ungeheuren Wirrwarr auf die kleinen Trupps waffenloser Arbeiter, Soldaten und Matrosen, die durch die Korridore der Telephon- und Telegraphenzentralen, der Hauptpost, der Ministerien, des Generalstabs einsickern, um die Anordnung der Bureaus, die Licht- und Telephonanlagen kennen zu lernen, sich den Plan der Gebäude einzuprägen, zu studieren, wie man hier im gegebenen Moment überraschend eindringen kann, die Wahrscheinlichkeiten zu überlegen, die Hindernisse zu erwägen, in der Abwehrorganisation der technischen, bureaukratischen und militärischen Staatsmaschine die Punkte des geringsten Widerstands, die schwachen Seiten, die empfindlichen Stellen zu suchen? Wer konnte in der allgemeinen Verwirrung diese drei oder vier Matrosen bemerken, diese beiden Soldaten, diesen eingeschüchterten Arbeiter, die um die Gebäude strolchen, die Gänge betreten, die Treppen hinaufstei-

gen und die aneinander vorbeigehen, ohne sich anzublicken? Niemand kann argwöhnen, daß diese Menschen genauen und eingehenden Befehlen gehorchen, daß sie einen Plan und Übungen ausführen, deren Gegenstand die strategischen Punkte der Staatsverteidigung sind. Die Roten Garden werden, nach diesen unsichtbaren Manövern auf dem Schauplatz des bevorstehenden Kampfes, fehlerlos handeln können.
Trotzki ist es gelungen, sich den Plan der technischen Versorgungsdienste der Stadt zu verschaffen. Die Matrosen Djibenkos studieren mit zwei Ingenieuren und Facharbeitern an Ort und Stelle die Anlage der unterirdischen Wasser- und Gasleitungen, der elektrischen Kabel, des Telephons und des Telegraphen. Zwei andere haben die Kanäle erforscht, die unter dem Gebäude des Großen Generalstabs durchführen. Ein Stadtviertel oder auch bloß ein einzelner Häuserblock muß in wenigen Minuten isoliert werden können; Trotzki unterteilt die Stadt in Sektoren, legt die strategischen Punkte fest, verteilt die Aufgaben, Sektor für Sektor, an Gruppen aus Soldaten und spezialisierten Arbeitern. Neben den Soldaten werden Techniker benötigt: die Eroberung des Moskauer Bahnhofs ist zwei Rotten anvertraut, je fünfundzwanzig lettische Soldaten, zwei Matrosen und zehn Eisenbahner. Drei Gruppen aus Matrosen, Arbeitern und Eisenbahnern, im ganzen sechzig Mann, sind beauftragt, den Warschauer Bahnhof zu besetzen. Für die anderen Bahnhöfe verfügt Djibenko über Rotten von je fünfundzwanzig Mann. Für die Kontrolle des Fahrdienstes der Eisenbahnen ist jeder Rotte ein Telegraphist beigegeben. Am 21. Oktober üben alle Gruppen unter den direkten Befehlen Antonow-Owsejenkos, der den Manövern beiwohnt, die Besitzergreifung der Bahnhöfe, und diese Generalprobe verläuft mit größter Präzision und Planmäßigkeit. Am selben Tage begeben sich drei Matrosen in die Elektrizitätszentrale beim Ein-

gang zum Hafen: die Zentrale, die der Direktion des städtischen technischen Dienstes untersteht, ist unbewacht. Der Direktor wendet sich an die drei Matrosen: „Sie sind wohl“, fragt er sie, „die Männer, die ich vom Platzkommandanten erbeten habe? Seit fünf Tagen verspricht er mir, einen Schutzdienst zu stellen.“ Die drei bolschewistischen Matrosen lassen sich in der Elektrizitätszentrale nieder, um sie im Falle eines Aufstandes gegen die roten Garden zu verteidigen, sagen sie. Einige Rotten von Seeleuten bemächtigen sich auf ähnliche Weise der drei anderen städtischen Elektrizitätszentralen.

Die Polizei Kerenskis und die Militärbehörden sind vor allem besorgt, die bureaukratischen und politischen Organisationen des Staates, Ministerien, Marien-Palais, Rat der Republik, Taurisches Palais, Duma, Winterpalais und Generalstab zu sichern. Trotzki, der diesen Fehler erkennt, wird seinen Angriff auf die technischen Organe der staatlichen und städtischen Maschinerie beschränken. Für ihn ist das Problem des Aufstands ein Problem technischer Natur. – „Um sich heute des Staates zu bemächtigen“, sagt er, „braucht man eine Stoßtruppe und Techniker: Trupps bewaffneter Männer, Ingenieure als Einsatzleiter.“

Während Trotzki den Staatsstreich rationell organisiert, bereitet das Zentralkomitee der bolschewistischen Partei die proletarische Revolution vor. Ein „militärisches Zentrum“, bestehend aus Stalin, Swerdlow, Bubnow, Uritzki und Dserschinski, fast alles erklärte Feinde Trotzkis, arbeitet den Plan der allgemeinen Erhebung aus. Die Männer, denen Stalin 1927 bemüht sein wird, das ganze Verdienst am Erfolg des Oktober-Staatsstreichs zuzuschreiben, haben kein Vertrauen in den von Trotzki organisierten Aufstand. Was kann er mit seinen tausend Mann anfangen? Die Junker werden ohne große Mühe mit ihnen fertig werden. Es gilt, die proletarischen Massen, die Tausende und Tausende von Arbeitern der Putilow-Werke, aus Wiborg, die Riesenmenge der Deserteure, die bolschewistischen Einheiten der Petrograder Garnison gegen die Kräfte der Regierung einzusetzen. Einen allgemeinen Aufstand zu entfesseln. Mit seinen Handstreichen ist Trotzki nur ein gefährlicher und nutzloser Verbündeter.

Für dieses „Zentrum" ist, wie für Kerenski, die Revolution ein Polizeiproblem. Es ist eigenartig zu sehen, daß der künftige Schöpfer der bolschewistischen Polizei, der Tscheka, die später den Namen GPU annimmt, Mitglied des Zentrums ist. Denn er, der blasse, ruhelose Dserschinski, studiert das Verteidigungssystem der Regierung Kerenski und legt den Angriffsplan fest. Von allen Gegnern Trotzkis ist er der perfideste und gefährlichste. Sein Fanatismus hat Züge von weiblicher Sensibilität. Er ist ein Asket, der nie seine Hände anschaut. Er stirbt 1926, auf der Tribüne stehend, mitten in einer Anklagerede gegen Trotzki.

Am Vorabend des Staatsstreichs, als Trotzki ihm erklärt, daß die roten Garden sich um die Existenz der Regierung Kerenski nicht zu kümmern brauchen, daß es sich nicht darum handelt, die Regierung mit Kanonen zu bekämpfen, sondern sich des Staates zu bemächtigen, daß der Rat der Republik, die Ministerien und die Duma, vom Standpunkt der Taktik des Aufstands aus, keine Bedeutung haben und nicht die Ziele des bewaffneten Aufstands bilden, daß der Schlüssel zum Staate nicht die bürokratische und politische Organisation des Staates sind, auch nicht das Taurische Palais, das Marien-Palais oder das Winterpalais, wohl aber die technischen Einrichtungen, also Elektrizitätszentralen, Eisenbahnen, Telephon, Telegraph, Hafen, Gasometer, Wasserleitung, erwidert ihm Dserschinski, daß der Aufstand dem Gegner entgegengehen und ihn in seinen Stellungen angreifen muß. „Es ist die Regierung, die wir angreifen müssen. Der Gegner muß auf dem Boden geschlagen werden, auf dem er den Staat verteidigt." Wenn der Gegner sich in den Ministerien, im Marienpalais, im Taurischen Palais und im Winterpalais verschanzt, muß man ihn dort aufsuchen. „Um uns des Staates zu bemächtigen", schließt Dserschinski, „werden wir die Massen gegen die Regierung in Bewegung setzen."

Das „militärische Zentrum" ist in seiner Aufstandstaktik ganz vom Gedanken der Neutralität der Gewerkschaften beherrscht. Kann man sich des Staates bemächtigen, ohne Unterstützung durch den Generalstreik? „Nein", antworten Zentralkomitee und Militärisches Zentrum. „Wir müssen den Streik provozieren, indem man die Massen in den Aufstand hineinzieht. Aber nur mit der Taktik des allgemeinen Aufstands, nicht mit der Taktik der Handstreiche, werden wir die Massen gegen die Regierung in Bewegung setzen und den Generalstreik provozieren können.

„Wir brauchen keinerlei Streik zu provozieren", erwidert Trotzki. „Das Zusammenbrechen der äußeren Ordnung hier in Petrograd ist mehr als ein Generalstreik. Es lähmt den Staat und hindert die Regierung, dem Aufstand vorzubeugen. Da wir uns nicht auf den Streik stützen können, stützen wir uns auf die Störung der Ordnung." – Es wurde gesagt, daß das Militärische Zentrum gegen die Taktik Trotzkis war, weil es glaubte, daß sie auf einer zu optimistischen Auffassung der Situation aufbaute. In Wirklichkeit war Trotzki eher Pessimist; er beurteilte die Situation sehr viel ernster als man glaubte. Er mißtraute den Massen, er wußte gut, daß der Aufstand nur auf eine Minderheit zählen konnte. Die Idee, den Generalstreik auszurufen und die Massen in den bewaffneten Kampf gegen die Regierung zu treiben, war Illusion: nur eine Minderheit würde sich am Aufstand beteiligen. Trotzki war überzeugt, daß der Streik, wenn er ausbräche, gegen die Bolschewiken gerichtet wäre und daß man sich, um dem Generalstreik zuvorzukommen, unverzüglich in den Besitz der Macht setzen mußte. Der Fortgang der Ereignisse hat gezeigt, daß er richtig sah. Als die Eisenbahner, die Post-, Telephon- und Telegraphenbeamten, das Personal der Ministerien und der öffentlichen Dienste die Arbeit niederlegten, war es zu spät. Lenin war schon an der Macht: Trotzki hatte dem Streik das Rückgrat gebrochen.

Am 24. Oktober, am hellen Tage, löst Trotzki den Angriff aus. Der Plan der Operationen war in allen Einzelheiten von einem ehemaligen Offizier der kaiserlichen Armee, Antonow-Owsejenko, festgelegt worden, der als Mathematiker und Schachspieler ebenso bekannt war wie als Revolutionär und Verbannter. Lenin sagte von ihm, auf die Taktik Trotzkis anspielend, daß nur ein Schachspieler den Aufstand organisieren konnte. Antonow-Owsejenko sieht melancholisch und krank aus: sein langes Haar, das ihm auf die Schultern fällt, läßt ihn gewissen Bildern Bonapartes vor dem 18. Brumaire ähneln. Aber sein Blick ist tot, sein blasses, mageres Gesicht ist überzogen von dumpfer Schwermut, die ungesund ist wie kalter Schweiß.
In einem Zimmer des letzten Stockwerks des Smolny-Instituts, dem Generalquartier der bolschewistischen Partei, spielt dieser Antonow-Owsejenko auf einem topographischen Plan von Petrograd Schach. Unter ihm, im darunter liegenden Stockwerk, tagt das Militärische Zentrum, um endgültig den Plan des allgemeinen Aufstands festzulegen. Man weiß nicht, daß Trotzki den Angriff bereits eingeleitet hat. Man hält sich an das, was Lenin gesagt hat: hat er nicht am 21. erklärt, der 24. wird zu früh, der 26. zu spät sein? Kaum haben sie begonnen, die definitive Entscheidung zu diskutieren,

als Podwoisky eintritt und eine unerwartete Nachricht bringt: die roten Garden Trotzkis haben sich schon der Telegraphenzentrale und der Newabrücken bemächtigt; um die Verbindung zwischen der Innenstadt und der Arbeitervorstadt Wiborg zu sichern, ist die Kontrolle über die Brücken notwendig. Die städtischen Elektrizitätszentralen, die Gasometer und Bahnhöfe sind bereits von den Matrosen Djibenkos besetzt. Die Operationen sind überraschend schnell und planmäßig verlaufen. Die Telegraphenzentrale war von einigen fünfzig Gendarmen und Soldaten bewacht, die vor dem Gebäude aufgezogen waren. Die Unzulänglichkeit von Polizeimaßnahmen äußerte sich in dieser Verteidigungstaktik, die Ordnungs- und Sicherheitsdienst genannt wird. Es ist eine Taktik, die gute Ergebnisse gegen eine revoltierende Menge zeitigen kann, aber nicht gegen eine Handvoll entschlossener Männer. Polizeimaßnahmen sind wertlos gegen einen Handstreich: drei Matrosen Djibenkos, die an den „unsichtbaren Manövern" teilgenommen hatten und das Terrain kennen, schleichen sich in die Reihen der Verteidiger, dringen in die Bureaus ein, einige aus den Fenstern auf die Straße geworfene Handgranaten bringen die Gendarmen und Soldaten in Unordnung. Zwei Rotten Seeleute besetzen die Telegraphenzentrale und stellen Maschinengewehre auf. Eine dritte Rotte besetzt das gegenüberliegende Haus, bereit, einen eventuellen Gegenangriff aufzuhalten, indem sie in den Rücken der Stürmenden schießt. Panzerautos sichern die Verbindung zwischen den Gruppen, die in verschiedenen Stadtteilen operieren, und dem Smolny-Institut. An den wichtigsten Straßenkreuzungen sind in den Eckhäusern Maschinengewehre versteckt; fliegende Patrouillen bewachen die Kasernen der Kerenski treu gebliebenen Regimenter.

Gegen 6 Uhr nachmittags tritt Antonow-Owsejenko im Smolny-Institut in Trotzkis Zimmer, blasser als gewöhnlich aber lächelnd: „Es ist geschafft", sagt er. Von den Ereignissen überrascht, haben sich die Regierungsmitglieder ins Winterpalais zurückgezogen, das einige Kompanien Junker und ein Frauenbataillon verteidigen. Kerenski ist geflüchtet; es heißt, er ist an die Front gefahren, um Truppen zu sammeln und auf Petrograd zu marschieren. Die gesamte Bevölkerung ist in den Straßen, gierig nach Neuigkeiten. Die Geschäfte, Cafés, Restaurants, Kinos und Theater sind geöffnet, die Straßenbahnen mit bewaffneten Arbeitern und Soldaten überfüllt, eine gewaltige Menschenmenge flutet wie ein Strom den Newski-Prospekt entlang. Alle reden, diskutieren, fluchen auf die Regierung oder die Bolschewisten. Die unwahrscheinlichsten Gerüchte eilen von Mund zu Mund, von Gruppe zu Gruppe: Kerenski tot, die Führer der Menschewik-Fraktion vor dem Taurischen Palais erschossen, Lenin im Winterpalais in den Zimmern des Zaren. Vom Newski-Prospekt, von der Gorokowskaja- und der Wosnessenskistraße, den drei großen Verkehrsadern, die bei der Admiralität zusammentreffen, strömt beständig ein breiter Fluß zum Alexander-Garten, um zu sehen, ob die rote Fahne schon vom Winterpalais weht. Aber beim Anblick der Junker, die das Palais bewachen, macht die Menge verwundert halt, wagt sich nicht bis zu den Maschinengewehren und Batterien vor, sieht verständnislos die erleuchteten Fenster, den leeren Platz, die vor dem Generalstab aufgereihten Kraftfahrzeuge. Lenin? Wo ist Lenin? Wo sind die Bolschewisten?

Reaktionäre, Liberale, Menschewiki, Sozialrevolutionäre, die sich über die neue Situation noch nicht klar zu werden vermögen, weigern sich zu glauben, daß die Bolschewiki die Regierung beseitigt haben; man darf den von Agenten des Smolny-Instituts ausgestreuten Gerüchten nicht glauben; nur aus Vorsicht sind die Minister ins Winterpalais übergesiedelt; auch wenn die

Nachrichten zutreffen sollten, handelt es sich nicht um einen Staatsstreich, sondern um eine Reihe von mehr oder weniger geglückten Anschlägen (Genaues weiß man noch nicht) gegen Einrichtungen der technischen Dienste des Staates und der Stadt. Die gesetzgebenden, politischen und administrativen Organe sind noch in Kerenskis Händen. Das Taurische Palais, das Marien-Palais, die Ministerien sind nicht einmal angegriffen worden. Gewiß, die Situation ist paradox: es ist noch niemals geschehen, daß eine Aufstandsbewegung proklamiert, sie habe den Staat erobert, und dabei der Regierung freie Hand läßt. Man könnte meinen, daß sich die Bolschewisten nicht für die Regierung interessieren. Warum besetzen sie nicht die Ministerien? Kann man Herr des Staates sein und Rußland regieren, ohne die administrativen Organe in Händen zu haben? Es ist wahr, daß sich die Bolschewiki aller technischen Einrichtungen bemächtigt haben, aber Kerenski ist keineswegs gestürzt, noch hat er die Macht, obgleich er für den Augenblick die Verfügungsgewalt über die Eisenbahnen, Elektrizitätswerke, Gaswerke, öffentliche Dienste, Telephon, Telegraphen, Post, Staatsbank, Kohlen-, Petroleum- und Getreidedepots verloren hat. Zu diesen Gerüchten ließe sich sagen, daß praktisch die im Winterpalais versammelten Minister nicht regieren, die Ministerien nicht arbeiten können, die Regierung vom übrigen Rußland abgeschnitten ist, alle Verkehrsmittel in Händen der Bolschewiki sind. In den Vorstädten sind alle Straßen abgesperrt; niemand kann die Stadt verlassen; auch der Generalstab ist isoliert; die Radiostation ist im Besitz der Bolschewisten; die Peter-Paul-Festung ist von roten Garden besetzt; eine Anzahl Regimenter der Petrograder Garnison hat sich den Befehlen des Revolutionären Militärkomitees unterstellt. Es muß unverzüglich gehandelt werden. Auf was wartet man? Der Generalstab erwartet, so heißt es, die An-

kunft der Truppen des Generals Krassnow, die zur Hauptstadt auf dem Marsch sind. Alle zur Verteidigung der Regierung erforderlichen Maßnahmen sind getroffen. Wenn die Bolschewiki sich noch nicht entschlossen haben, die Regierung anzugreifen, so ist das ein Zeichen dafür, daß sie sich nicht stark genug fühlen. Nichts Endgültiges ist also geschehen.
Aber während am nächsten Tag, am 25. Oktober, im großen Saal des Smolny-Instituts der Zweite Allrussiche Sowjetkongreß eröffnet wird, gibt Trotzki an Antonow-Owsejenko den Befehl zum Sturm auf das Winterpalais, in das sich Kerenskis Minister geflüchtet haben. Werden die Bolschewisten im Kongreß die Mehrheit haben? Um den Vertretern der Sowjets von ganz Rußland verständlich zu machen, daß der Aufstand gesiegt hat, genügt es nicht, zu verkünden, daß die Bolschewiki sich des Staates bemächtigt haben; man muß verkünden können, daß die Mitglieder der Regierung in Händen der roten Garden sind. „Das ist die einzige Möglichkeit", erklärt Trotzki Lenin, „um Zentralkomitee und Militärisches Zentrum zu überzeugen, daß der Staatsstreich nicht gescheitert ist."
„Sie entscheiden sich etwas spät", sagt Lenin.
„Ich konnte die Regierung nicht angreifen, ehe ich nicht Gewißheit hatte, daß die Truppen der Garnison sie nicht verteidigen werden", erwidert Trotzki. Man mußte den Soldaten Zeit lassen, zu uns überzugehen. Nur die Junker sind der Regierung noch treu geblieben."

Als Arbeiter verkleidet, mit Perücke und ohne Bart, hat Lenin sein Versteck verlassen und sich ins Smolny-Institut begeben, um am Kongreß der Sowjets teilzunehmen. Es ist der traurigste Moment seines Lebens: er glaubt noch nicht an den Erfolg des Aufstandes. Auch er, wie das Zentralkomitee, das Militärische Zentrum und der größte Teil der Kongreßdelegierten, muß erst wissen, daß die Regierung gestürzt ist, daß die Minister Kerenskis in den Händen der roten Garden sind. Er mißtraut Trotzki, seinem Hochmut, seiner Sicherheit, seiner verwegenen Geschicklichkeit. Trotzki gehört nicht zur alten Garde, er ist kein Bolschewik, auf den man sich blind verlassen kann; er ist neu hinzugekommen, erst nach den Julitagen ist er in die Partei eingetreten. „Ich bin nicht einer der zwölf Apostel", sagt Trotzki, „ich bin viel eher Paulus, der als erster den Heiden predigte."

Lenin hat nie viel Sympathie für Trotzki gehabt. Trotzki flößt allen Mißtrauen ein. Seine Beredsamkeit ist verdächtig. Er hat die gefährliche Macht, die Massen aufzuwühlen, Meutereien zu entfesseln, er ist ein Meister der Spaltungen, ein Erfinder von Häresien. Ein zu fürchtender und unentbehrlicher Mensch. Lenin hat längst bemerkt, daß Trotzki an historischen Vergleichen Gefallen findet. Wenn er in Meetings und in Versammlungen spricht, wenn er in den Parteigremien diskutiert, zieht er immer wieder Beispiele aus der puritanischen Revolution Cromwells oder aus der französischen Revolution heran.

Man muß einem Marxisten mißtrauen, der die Menschen und Ereignisse der bolschewistischen Revolution nach den Menschen und Ereignissen der französischen Revolution mißt und beurteilt. Lenin kann nicht vergessen, daß Trotzki gleich nach seiner Befreiung aus dem Gefängnis von Kresti, wo er nach den Julitagen eingesperrt saß, in den Petrograder Sowjet gekommen war und in einer Rede die Notwendigkeit proklamierte, den jakobinischen Terror einzurichten. „Die Guillotine führt zu Napoleon", riefen ihm die Menschewiki zu. „Mir ist Napoleon lieber als Kerenski", entgegnete Trotzki. Lenin hat diese Antwort nicht vergessen. „Napoleon ist ihm lieber als Lenin", sagte er viel später zu Dserschinski.

In einem Zimmer neben dem großen Saal des Smolny-Instituts, wo der Zweite Allrussische Kongreß der Sowjets tagt, sitzt Lenin mit Trotzki an einem mit Papieren und Zeitungen bedeckten Tisch; eine Strähne seiner Perücke hängt ihm in die Stirn. Trotzki kann nicht umhin zu lächeln, als ihm diese sonderbare Verkleidung auffällt. Ihm scheint der Augenblick gekommen, die Perücke abzulegen. Es besteht keinerlei Gefahr mehr, der Aufstand hat gesiegt, Lenin ist der Herr Rußlands. Es ist Zeit, sich den Bart wieder wachsen zu lassen, die falschen Haare abzulegen, es ist der Augenblick, sich zu erkennen zu geben. Als Dan und Skobelew, die beiden Führer der menschewistischen Mehrheit, auf dem Wege zum Kongreßsaal Lenin begegnen, wechseln sie einen Blick und erblassen; sie haben in diesem Mann mit Perücke, in diesem kleinen Provinzkomödianten, den fürchterlichen Zerstörer des heiligen Rußland erkannt. „Es ist zu Ende", flüstert Dan Skobelew zu.
„Warum bleiben Sie verkleidet?" fragt Trotzki Lenin, „Sieger verbergen sich nicht." Lenin fixiert ihn, die Augen halb geschlossen; ein ironisches Lächeln streift seine Lippen. Wer ist der Sieger? Das ist das Problem. Von Zeit zu Zeit hört man Kanonendonner, das Krepieren einer Granate. Der Kreuzer „Aurora", in der Newa verankert, hat das Feuer auf das Winterpalais eröffnet, um den Sturm der Roten Garden zu unterstützen. In diesem Moment tritt der Matrose Djibenko ein, der riesige Djibenko mit seinen blauen Augen und dem von seidigem blondem Bart umrahmten Gesicht; die Matrosen von Kronstadt und Frau Kollontai lieben ihn wegen seiner Kinderaugen und wegen seiner Grausamkeit. Djibenko verkündet die Neuigkeit: die roten Garden Antonow-Owsejenkos sind ins Winterpalais eingedrungen, Kerenskis Minister sind Gefangene der Bolschewisten, die Regierung ist nicht mehr. – „Endlich!" ruft Lenin. – „Sie kommen vierundzwanzig Stunden zu

spät", bemerkt Trotzki zu ihm. Lenin nimmt seine Perücke ab und streicht sich mit der Hand über die Stirn. Sein Schädel ist wie der Schädel Balfours, berichtet Wells. „Gehen wir", sagt er und wendet sich dem Kongreßsaal zu. Trotzki folgt ihm schweigend. Er wirkt müde; plötzliches Schlafbedürfnis macht seine Stahlaugen glanzlos. Während des Aufstandes, schreibt Lunatscharski, war Trotzki eine Leidener Flasche. Nun ist auch die Regierung gefallen; Lenin hat sich seine Perücke wie eine Maske vom Gesicht gezogen, mit der gleichen Geste. Der Staatsstreich war Trotzki. Aber der Staat ist jetzt Lenin. Der Führer, der Diktator, der Triumphator ist er, Lenin.

Trotzki folgt ihm schweigend, mit jenem doppeldeutigen Lächeln, das erst beim Tode Lenins milder werden wird.

GESCHICHTE EINES MISSGLÜCKTEN STAATSSTREICHS: TROTZKI GEGEN STALIN

Stalin ist der einzige europäische Staatsmann, der aus der Lektion vom Oktober 1917 Vorteil zu ziehen verstand. Wenn die Kommunisten aller Länder Europas die Kunst, die Macht zu ergreifen, von Trotzki lernen müssen, so können die liberalen und demokratischen Regierungen die Kunst, den Staat gegen die kommunistische Aufstandstaktik, also gegen die Taktik Trotzkis, zu verteidigen, von Stalin lernen.
Der Kampf zwischen Stalin und Trotzki ist die lehrreichste Episode der politischen Geschichte Europas in diesen letzten zehn Jahren. Der offiziell behauptete Ursprung dieses Kampfes liegt in einer Zeit lange vor der Oktoberrevolution 1917, als Trotzki nach dem Londoner Kongreß von 1903, auf dem sich die Spaltung zwischen Lenin und Martow, zwischen Bolschewisten und Menschewisten vollzog, offen von den Ideen Lenins abwich und sich zwar nicht den Parteigängern Martows anschloß, aber doch der menschewistischen These sehr viel näher stand als der These der Bolschewisten. In Wirklichkeit aber sind die damaligen persönlichen und theoretisch-doktrinären Gegensätze, die Notwendigkeit des Kampfes gegen die Gefahr des Trotzkismus bei der Auslegung der Lehre Lenins, also gegen die Gefahr der Abweichungen, der Verformungen und Häresien nur die bloßen Vorwände und offiziellen Rechtfertigungen eines Gegensatzes, dessen Wurzeln und tiefere Ursachen in der Mentalität der Bolschewistenführer, im Sentiment und in den Interessen der Arbeiter- und Bauernmassen und in der politischen, wirtschaftlichen und sozialen Situation Sowjetrußlands nach dem Tode Lenins zu suchen sind.
Die Geschichte des Kampfes zwischen Stalin und Trotzki ist die Geschichte von Trotzkis Versuch einer

Machtergreifung und der Verteidigung des Staates durch Stalin und die alte bolschewistische Garde; es ist die Geschichte eines gescheiterten Staatsstreichs. Trotzkis Theorie der „permanenten Revolution" setzt Stalin die Thesen Lenins über die Diktatur des Proletariats entgegen. Im Namen Lenins bekämpfen sich die beiden Parteien mit dem gesamten Waffenarsenal von Byzanz. Aber die Intrigen, Dispute und Sophismen verdecken sehr viel ernstere, gravierendere Vorgänge als einen Streit über die Ausdeutung des Leninismus.

Was auf dem Spiel steht, ist die Macht. Die Frage der Nachfolge Lenins, schon vor seinem Tode, seit den ersten Anzeichen seiner Krankheit, ist etwas anderes als ein Streit der Ideen. Persönliche Ambitionen verbergen sich hinter Problemen der Doktrin; man darf sich von den offiziellen Scheingründen der Diskussionen nicht täuschen lassen. Trotzkis polemisches Ziel ist, als der uneigennützige Verteidiger des moralischen und geistigen Erbes Lenins dazustehen, als Hüter der Prinzipien der Oktoberrevolution, als der unbeirrbare Kommunist, der gegen die beginnende bürokratische Entartung der Partei, gegen die bürgerliche Involution des Sowjetstaates kämpft. Das polemische Ziel Stalins ist es, den Kommunisten der anderen Länder, dem kapitalistischen, demokratischen und liberalen Europa die wahren Gründe des Kampfes zu verbergen, der innerhalb der Partei zwischen den Schülern Lenins, den repräsentativsten Männern Sowjetrußlands, ausgefochten wird. In Wirklichkeit kämpft Trotzki, um sich des Staates zu bemächtigen, Stalin, ihn zu verteidigen.

Stalin hat nichts von der Apathie der Russen, von ihrer trägen Resignation zum Guten und zum Bösen, von ihrem schweifenden, rebellischen, bösartigen Altruismus, von ihrer naiven, grausamen Güte. Stalin ist kein Russe, er ist Georgier. Seine Verschlagenheit ist das Ergebnis von Geduld, Willen und nüchternem Verstand.

Er ist starrköpfig und optimistisch, seine Gegner werfen ihm Unwissenheit und mangelnde Intelligenz vor: zu Unrecht. Man kann nicht sagen, daß er ein kultivierter Mensch sei, ein Europäer, der an Sophismen und psychologischen Erleuchtungen leidet. Stalin ist ein Barbar, im Leninschen Sinne des Wortes, d. h. ein Feind der Kultur, der Psychologie und der Moral des Okzidents. Seine Intelligenz ist eine rein physische und instinktive, eine Intelligenz im Naturzustand, ohne Vorurteile kultureller und moralischer Art. Man soll Menschen an ihrem Gang erkennen können. Beim Allrussischen Kongreß der Sowjets im Mai 1929, im Moskauer Bolschoi-Theater, sah ich Stalin, wie er auf die Estrade stieg. Ich hatte meinen Platz in einem Orchestersessel nahe der Rampe: Stalin erschien hinter der Doppelreihe von Volkskommissaren, Deputierten des ZIK und Mitgliedern des Zentralkomitees der Partei, die sich auf der Bühne befanden. Er war ganz einfach gekleidet, trug einen grauen Militärrock und eine dunkle Tuchhose in schweren Schaftstiefeln. Breitschultrig, klein, untersetzt, mit massigem Kopf und schwarzem Kraushaar, breite Augen unter kohlschwarzen Brauen, ein Gesicht, das durch einen borstigen, pechfarbenen Schnurrbart schwerfällig wirkt, so schritt er langsam und schwer, mit den Absätzen auftretend. Mit seinem vorwärts geneigten Kopf und seinen hängenden Armen sah er aus wie ein Bauer, aber wie ein Bauer aus dem Gebirge, hart, geduldig, dickköpfig und vorsichtig. Beim Donner des Beifalls, der ihn begrüßt, wandte er sich nicht um, ging langsam weiter, nahm hinter Rykow und Kalinin Platz, hob den Kopf, sah die gewaltige Menge, die ihm Beifall spendete, und blieb unbeweglich und gebeugt, mit trüben Augen vor sich hinstarrend. Nur einige zwanzig tatarische Deputierte, aus den autonomen Sowjetrepubliken der Baschkiren, der Buriaten-Mongolen, der Jakuten und aus Daghestan, saßen unbeweglich und stumm in einer Proszeniumsloge. In ihre gelben und grünen Seidenkaftane gekleidet, die tatarische silbergestickte Kappe über dem langen, schwarzglänzenden Haar, sahen sie Stalin aus ihren kleinen, schrägen Augen an, Stalin, den Diktator, die eiserne Faust der Revolution, den Todfeind des Okzidents, des fetten und bürgerlichen Europa. Als der Taumel der Menge nachzulassen begann, wandte Stalin langsam den Kopf nach der Seite der tatarischen Deputierten: die Blicke der Mongolen und des Diktators trafen einander. Ein Aufschrei erhob sich im Theater: es war der Gruß des proletarischen Rußlands an das rote Asien, an die Völker der Steppen, der Wüsten, der großen asiatischen Ströme. Von neuem kehrte Stalin sein leidenschaftsloses Gesicht gegen die Menge, blieb unbeweglich und gebeugt, mit glanzlosen Augen gerade vor sich hinblikkend.

Die Kraft Stalins ist Leidenschaftslosigkeit und Geduld. Er überwacht die Gesten Trotzkis, studiert seine Bewegungen, folgt dessen schnellen, entschlossenen und nervösen Schritten mit seinem schweren, langsamen Bauernschritt. Stalin ist verschlossen, kalt, hartnäckig; Trotzki ist hochmütig, heftig, egoistisch, ungeduldig, beherrscht von seinem Ehrgeiz und seiner Einbildungskraft, eine feurige, kühne und aggressive Natur. „Miserabler Jude“, sagt Stalin von ihm. „Unseliger Goj“, sagt Trotzki von Stalin.

Als während des Oktoberaufstands Trotzki, ohne das Zentralkomitee oder das Militärische Zentrum zu verständigen, plötzlich den Angriff zur Eroberung des Staates auslöste, hielt Stalin sich abseits. Er war der einzige, der die schwachen Seiten und Fehler Trotzkis erkannte und deren spätere Konsequenzen voraussah. Beim Tode Lenins, als Trotzki brutal das Problem der Nachfolge auf politischem, ökonomischem und doktrinärem Gebiet aufwarf, hatte Stalin sich schon der Parteimaschine bemächtigt und hatte die Kommandohebel

in seinen Händen. Wenn Trotzki Stalin vorwirft, daß er das Problem der Nachfolge Lenins lange vor dessen Tode zum eigenen Vorteil zu lösen bemüht war, so spricht er eine Beschuldigung aus, die niemand ernsthaft bestreiten könnte. Doch war es Lenin selbst gewesen, der während seiner Krankheit Stalin eine bevorrechtigte Stellung in der Partei einräumte. Und Stalin hat es leicht, den Anklagen seiner Feinde gegenüber zu behaupten, es sei seine Pflicht gewesen, sich rechtzeitig gegen die Gefahren zu wappnen, die unweigerlich beim Tode Lenins eintreten mußten. „Sie haben von seiner Krankheit profitiert", klagt Trotzki ihn an. – „Um Sie zu hindern, von seinem Tode zu profitieren", erwidert Stalin.
Trotzki hat über seinen Kampf gegen Stalin sehr geschickt berichtet. Diesen Seiten läßt sich nichts über die wirkliche Natur des Kampfes entnehmen. Trotzkis beherrschende, ständige Sorge ist, dem internationalen noch mehr als dem russischen Proletariat zu beweisen, daß er nicht der Mann ist, zu dem man ihn gestempelt hat, kein bolschewistischer Catilina, der zu allen Abenteuern und allen Restaurationen bereit ist. Was man seine Häresie nennt, ist, nach seiner Darstellung, nur der Versuch einer leninistischen Interpretation der Lehre Lenins. Seine Theorie der „permanenten Revolution" ist weder eine Gefahr für die doktrinäre Einheit der Partei noch für die Sicherheit des Staates. Er will weder ein Luther noch ein Bonaparte sein.
Sein Hauptbestreben als Historiker ist ein rein polemisches. Wie in stillschweigendem Einverständnis bemühen sich sowohl Trotzki wie Stalin, die Phasen dieses Machtkampfes als Aspekte eines Ideenkampfes erscheinen zu lassen. Die Anklage des Bonapartismus ist übrigens offiziell gegen Trotzki niemals erhoben worden. Eine solche Anklage hätte dem internationalen Proletariat zu deutlich gezeigt, daß die russische Revolution sich auf dem Wege zu dieser bürgerlichen Ent-

artung befand, für die der Bonapartismus eines der sichersten Zeichen ist. „Die Theorie der permanenten Revolution“, schreibt Stalin im Vorwort zu seiner kleinen Schrift über den Oktober, „ist eine Spielart des Menschewismus.“ Offiziell wird Trotzki also der menschewistischen Häresie beschuldigt. Aber wenn es leicht war, das internationale Proletariat über die wahre Natur des Kampfes zwischen Trotzki und Stalin zu täuschen, so konnte dem russischen Volke die wirkliche Situation nicht verborgen bleiben. Jedermann verstand, daß Stalin in Trotzki nicht eine Art doktrinären Menschewiken bekämpfte, der sich im Labyrinth der Interpretationen Lenins verirrt hatte, sondern einen roten Bonaparte, den einzigen Menschen, der fähig war, den Tod Lenins in einen Staatsstreich umzuwandeln und die Frage der Nachfolge auf dem Gelände der Insurrektion zu stellen.

Von Anfang 1924 bis Ende 1926 bewahrte der Kampf den Charakter einer Polemik zwischen den Anhängern der Theorie der „permanenten Revolution“ und den offiziellen Hütern des Leninismus, die Trotzki die Hüter der Mumie Lenins nennt. Trotzki als Kriegskommissar hat die Armee für sich und die Gewerkschaften, an deren Spitze Tomski steht, der das Programm Stalins, die Gewerkschaften der Partei zu unterwerfen, bekämpft und die Autonomie der gewerkschaftlichen Aktion dem Staate gegenüber verteidigt. Die Möglichkeit eines Bündnisses zwischen der roten Armee und den Gewerkschaften hatte seit 1920 schon Lenin beschäftigt. Nach seinem Tode wirkte das persönliche Einverständnis zwischen Trotzki und Tomski sich aus, es entstand eine Einheitsfront der Soldaten und Arbeiter gegen die beginnende kleinbürgerliche und bäuerliche Entartung der Revolution, gegen das, was Trotzki den Thermidor Stalins nannte. In dieser Einheitsfront erkannte Stalin, der die GPU und die doppelte Bürokratie der Partei und des Staates für sich hatte, die Gefahr eines 18. Brumaire herannahen. Die gewaltige Popularität, die den Namen Trotzki umgibt, der Ruhm seiner siegreichen Feldzüge gegen Judenitsch, Koltschak, Denikin und Wrangel, sein zynischer und verwegener Hochmut machten aus ihm eine Art roten Bonaparte, gestützt auf die Armee, die Arbeitermassen und den aufrührerischen Geist der Jungkommunisten gegen die alte Garde des Leninismus und den hohen Klerus der Partei.

Die berühmte Troika Stalin, Sinowiew und Kamenew wendet die feinsten Kniffe der Verstellung, Intrige und Hinterlist an, um Trotzki in den Augen der Massen bloßzustellen, Uneinigkeit zwischen seinen Verbündeten hervorzurufen, Zweifel und Unzufriedenheit in den Reihen seiner Anhänger zu verbreiten, seine Worte, Gesten und Absichten in Mißkredit zu bringen und sie verdächtig zu machen. Der Chef der GPU, der fanatische Dserschinski, umgibt Trotzki mit einem Netz von Spionen und Lockspitzeln. Die geheimnisvolle und schreckliche Maschine der GPU ist in Bewegung gesetzt, um nach und nach alle Flechsen und Sehnen des Gegners zu zerschneiden. Dserschinski arbeitet im Dunkeln, Trotzki handelt im hellen Tageslicht. Während die „Troika" sein Ansehen untergräbt, seine Popularität beschmutzt, sich bemüht, ihn als enttäuschten Ehrgeizigen, einen Revolutionsgewinnler, einen Verräter am Gedächtnis Lenins hinzustellen, schleudert Trotzki Blitze gegen Stalin, Sinowiew und Kamenew, gegen das Zentralkomitee, die alte Garde des Leninismus, die Bürokratie der Partei: er beschwört die Gefahr eines kleinbürgerlichen und bäuerlichen Thermidors, er ruft die Jungkommunisten auf gegen die Tyrannei des hohen Klerus der Revolution. Die „Troika" erwidert mit einem Feldzug wilder Verleumdungen. Die gesamte offizielle Presse gehorcht der Parole Stalins. Nach und nach entsteht Leere um Trotzki. Die Schwachen zögern, stellen sich abseits, ziehen den Kopf ein. Die hartnäckigsten, heftigsten und mutigsten schlagen sich erhobenen Hauptes, aber jeder für sich, und verlieren bald jeden Kontakt untereinander. Sie stürzen sich mit geschlossenen Augen auf die gegnerische Koalition, verstricken sich in einem Netz von Intrigen, Fallstricken und Verrat und fangen an, einer dem andern zu mißtrauen. Die Soldaten und Arbeiter sehen in Trotzki den Schöpfer der Roten Armee, den Besieger Koltschaks und Wrangels, den Verteidiger der gewerkschaftlichen Freiheit und der Diktatur des Proletariats gegen die Reaktion des NEP und der Bauern; sie bleiben dem Mann und den Ideen des Oktoberaufstands treu. Doch ihre Treue ist passiv, erstarrt in Erwartung und wird ein totes Gewicht in Trotzkis heftigem und aggressivem Spiel.

Während der ersten Phasen des Kampfes gab Trotzki sich der Täuschung hin, eine Spaltung in der Partei herbeiführen zu können. Gestützt auf Heer und Gewerkschaften hoffte er, die „Troika" stürzen zu können, dem Thermidor Stalins mit dem 18. Brumaire der „permanenten Revolution" zuvorzukommen, sich der Partei und des Staates zu bemächtigen, um sein Programm des integralen Kommunismus zu verwirklichen. Aber die Reden, Pamphlete und Polemiken über die Auslegung der Ideen Lenins konnten für eine Spaltung der Partei nicht genügen. Man mußte handeln: Trotzki brauchte den Augenblick nur zu wählen. Die Umstände begünstigten seine Pläne. Schon gab es die ersten Unstimmigkeiten zwischen Stalin, Sinowiew und Kamenew. Weshalb hat Trotzki nicht gehandelt?

Statt zu handeln, die Polemik sein zu lassen und sich auf den Boden der Aktion des Aufstands zu begeben, vertat Trotzki seine Zeit damit, die politische und soziale Lage Englands zu studieren und den englischen Kommunisten beizubringen, welche Regeln sie zu befolgen hätten, um sich des Staates zu bemächtigen, nach Analogien zwischen Cromwells puritanischer Armee und der Roten Armee zu suchen und Vergleiche zwischen Lenin, Cromwell, Robespierre, Napoleon und Mussolini anzustellen. „Lenin“, schrieb Trotzki, „kann weder mit Bonaparte noch mit Mussolini verglichen werden, sondern mit Cromwell und Robespierre. Lenin ist der proletarische Cromwell des XX. Jahrhunderts. Diese Definition ist die höchste Apologie des kleinbürgerlichen Cromwell des XVII. Jahrhunderts.“ Anstatt ohne Zögern seine Taktik vom Oktober 1917 gegen Stalin anzuwenden, beschäftigte sich Trotzki mit Ratschlägen an die Mannschaften, Matrosen, Heizer, Mechaniker und Elektriker der Flotte Großbritanniens und erklärte ihnen, was sie zu tun hätten, um den Arbeitern zu helfen, sich des Staates zu bemächtigen. Er analysierte die Psychologie der englischen Soldaten und Seeleute, um daraus zu schließen, wie sie sich verhalten sollen, wenn ihnen der Befehl gegeben wird, auf die Arbeiter zu schießen: er zergliederte den Mechanismus einer Meuterei und zeigte in Zeitlupe die Gesten des Soldaten, der sich zu schießen weigert, desjenigen, der zögert, und desjenigen, der bereit ist, auf Kameraden zu schießen, die zu schießen sich weigern: die drei Haupttempi des Mechanismus. Welches der drei wird die Meuterei entscheiden? Er dachte damals nur an England, er beschäftigte sich mehr mit Macdonald als mit Stalin. „Cromwell hatte kein Heer, sondern eine Partei gebildet; sein Heer war eine Partei in Waffen, und das war seine Stärke.“ Auf den Schlachtfeldern hatte man den Soldaten Cromwells den Namen Iron-Sides, *Eisenrippen*, gegeben. „Für eine Revolution ist es immer nützlich“, bemerkt Trotzki, „eiserne Rippen zu haben. Darin haben die englischen Arbeiter viel von Cromwell zu lernen.“ Warum entschloß sich Trotzki nicht zu handeln? Warum setzte er seine „Eisenrippen“, die Soldaten der Roten Armee, nicht gegen die Anhänger Stalins ein?

Von seinem Zögern profitieren seine Gegner: sie nehmen ihm sein Amt als Volkskommissar des Krieges, sie entheben ihn der Kontrolle der Roten Armee. Bald danach wird Tomski von der Leitung der Gewerkschaften entfernt. Der große Häretiker, der furchterregende Catilinarier, sieht sich entwaffnet: die beiden Instrumente, auf die dieser bolschewistische Bonaparte den Plan seines 18. Brumaire gebaut hatte, Armee und Gewerkschaften, werden gegen ihn gekehrt. Die GPU-Maschine zerstückelt nach und nach seine Popularität; die Menge seiner Anhänger, von seinem schwankenden Verhalten und seinen unerklärlichen Schwächen enttäuscht, verläuft sich. Trotzki erkrankt, er verläßt Moskau. Im Mai 1926 ist er in Berlin in einer Klinik: die Nachrichten vom Generalstreik in England und vom Staatsstreich Pilsudskis verursachen ihm Fieber. Er muß nach Rußland zurück, er darf den Kampf nicht aufgeben. „Solange nicht alles verloren ist, ist nichts verloren." Der Schöpfer der GPU, der fanatische Dserschinski, stirbt am Gehirnschlag im Juli 1926. Das Bündnis von Kamenew und Sinowiew gegen Stalin zeigt plötzlich den Zwiespalt, der seit langem zwischen den Triumvirn der „Troika" heranreifte. Der Kampf zwischen den drei offiziellen Hütern der Mumie Lenins is entbrannt. Stalin ruft Menschinski zu Hilfe, den Nachfolger Dserschinskis in der Leitung der GPU: Kamenew und Sinowiew stellen sich an die Seite Trotzkis. Der Augenbilck zum Handeln ist gekommen. Die Flut des Aufruhrs brandet um die Mauern des Kreml.

Zu Beginn des Kampfes gegen Stalin bemerkt Trotzki über England, daß Revolutionen nicht willkürlich entstehen: „Wenn man ihnen einen rationellen Weg weisen könnte", sagte er, „wäre es wahrscheinlich möglich, sie zu vermeiden." Eben Trotzki ist es aber, der den revolutionären Versuchen einen rationellen Weg gewiesen, der die Prinzipien und die Regeln der modernen Aufstandstatik aufgestellt hat; und es war Stalin, der, von Trotzkis Lehre profitierend, 1927 den europäischen Regierungen die Möglichkeit gezeigt hat, den bürgerlichen Staat gegen die Gefahr eines kommunistischen Aufstands zu sichern.

Die Schweiz und Holland, zwei der bestorganisierten und polizeilich am meisten überwachten Staaten Europas, in denen die Ordnung nicht nur ein Produkt des politischen und bürgerlichen Staatsmechanismus ist, sondern eine natürliche Charaktereigenschaft des Volkes, stellen der Anwendung der kommunistischen Taktik des Aufstands keine größeren Schwierigkeiten entgegen als das Rußland Kerenskis. Welcher Erwägung mag eine so paradoxe Behauptung entstammen? Der Erwägung, daß das Problem des modernen Staatsstreichs ein Problem technischer Ordnung ist. Der Aufstand ist eine Maschine, sagt Trotzki: man benötigt Techniker, um sie in Bewegung zu setzen, und nur Techniker können sie anhalten. Das In-Bewegung-Setzen dieser Maschine hängt nicht von den politischen, sozialen und ökonomischen Zuständen des Landes ab. Der Aufstand wird nicht mit Massen gemacht, sondern mit einer Handvoll Männer, die, zu allem bereit, in der Aufstandstaktik ausgebildet sind und trainiert, gegen die Lebenszentren der technischen Organisation des Staates schnell und hart zuzuschlagen. Diese Stoßtruppe muß aus Gruppen von Facharbeitern, Mechanikern, Elektrikern, Telegraphisten und Radiotelegraphisten gebildet werden und dem Befehl von Ingenieuren, *Technikern*, unterstehen, die das *technische* Funktionieren des Staates kennen.
1923 schlug Radek in einer Sitzung der Komintern vor, in allen Ländern Europas ein Spezialkorps zur Eroberung des Staates zu bilden. Sein Standpunkt war, daß tausend gut ausgebildete und trainierte Männer in jedem beliebigen Lande Europas die Macht erobern

könnten, in Frankreich wie in England, in Deutschland wie in der Schweiz oder in Spanien. Radek hatte kein Vertrauen zu den revolutionären Fähigkeiten der Kommunisten der andern Länder. Seine Kritiken der Menschen und Methoden der einzelnen Sektionen der Dritten Internationale schonten nicht einmal das Andenken an Rosa Luxemburg und Liebknecht. Als sich 1920, während Trotzkis Offensive gegen Polen, die Rote Armee der Weichsel näherte und als man im Kreml jeden Augenblick die Meldung vom Fall Warschaus erwartete, war Radek der einzige, der den allgemeinen Optimismus dämpfte. Trotzkis Sieg hing zum großen Teil von der Hilfe der polnischen Kommunisten ab. Lenin glaubte mit blindem Vertrauen, daß der proletarische Aufstand in Warschau in dem Moment ausbrechen werde, in dem die Roten Garden die Weichsel erreichten. „Man darf nicht auf die polnischen Kommunisten zählen", behauptete Radek, „das sind Kommunisten, aber keine Revolutionäre." Einige Zeit später erklärt Lenin gegenüber Klara Zetkin: „Radek hatte vorausgesehen, was kommen mußte. Er hat mehr gesehen als wir. Ich war ernstlich böse auf ihn: ich habe ihn einen Defaitisten genannt. Aber er hatte recht. Er kennt die Lage außerhalb Rußlands besser als wir, besonders in den westlichen Ländern."

Aber der Vorschlag Radeks rief die Opposition Lenins und aller Mitglieder der Komintern hervor. „Wenn wir den Kommunisten der andern Länder helfen wollen, die Macht zu erobern", behauptet Lenin, „müssen wir arbeiten, um in Europa Bedingungen zu schaffen, die jenen Rußlands im Jahre 1917 gleichen." Seiner strategischen Konzeption treu, vergaß Lenin die Lehren der Ereignisse in Polen. Nur Trotzki sprach sich für Radeks Vorschlag aus. Er ging sogar so weit, die Notwendigkeit hervorzuheben, in Moskau eine Schule zur technischen Ausbildung jener Kommunisten einzurichten, die in jedem Lande die Zelle für ein Spezialkorps zur Eroberung der Macht bilden sollten. Diese Idee ist neuerdings von Hitler aufgegriffen worden, der in München eine ähnliche Schule zur Ausbildung seiner Sturmtruppen organisiert. „Mit einer Spezialtruppe von etwa tausend Leuten, Berliner Arbeitern mit einem Kern russischer Kommunisten", behauptet Trotzki, „verpflichte ich mich, in vierundzwanzig Stunden Berlin zu nehmen." Er mißtraute der Schwungkraft des Volkes, der Beteiligung der proletarischen Massen an der Aufstandsaktion. „Die bewaffnete Intervention der Massen kann nützlich sein, aber erst in einer zweiten Phase, um eine konterrevolutionäre Gegenoffensive zurückzuschlagen." Und er fügte hinzu, daß Schupo und Reichswehr stets die deutschen Kommunisten schlagen würden, solange diese sich nicht zur Taktik vom Oktober 1917 entschließen. Trotzki und Radek hatten sogar den Plan zu einem Staatsstreich in Berlin entworfen. Als sich Trotzki im Mai 1926 in der Reichshauptstadt befand, um sich einer Halsoperation zu unterziehen, verdächtigte man ihn, daß er nur gekommen sei, um einen kommunistischen Aufstand zu organisieren. Doch beschäftigte er sich 1926 schon nicht mehr mit der Revolution in anderen Ländern Europas. Die Nachrichten vom Generalstreik in England und Pilsudskis Staatsstreich in Polen ließen ihn fiebern und sich beeilen, nach Moskau zurückzukehren. Es war das Fieber der großen Oktobertage, das ihn wie Lunatscharski sagte, in eine Leidener Flasche verwandelte. Blaß und fiebernd kam Trotzki in Moskau an, um die Stoßtruppe zu organisieren, mit der er Stalin stürzen und sich des Staates bemächtigen wollte.

Aber Stalin hatte die Lehre vom Oktober 1917 begriffen. Er organisiert, mit Hilfe Menschinskis, des neuen Chefs der GPU, ein Spezialkorps zur Verteidigung des

Staates. Die Leitung dieses Korps richtet sich im letzten Stock des Palais der Lubianka ein, dem Sitz der GPU. Menschinski überwacht persönlich die Auswahl der Kommunisten dieses Korps aus Arbeitern der technischen Staatsdienste, Eisenbahnern, Mechanikern, Elektrikern und Telegraphisten. Ihre persönliche Bewaffnung besteht nur in Handgranaten und Revolvern, damit sie in ihren Bewegungen nicht behindert sind. Dieses Spezialkorps besteht aus hundert Gruppen zu zehn Mann, von zwanzig Panzerautos unterstützt. Zu jeder Gruppe kommt ein Trupp leichte Maschinengewehre. Motorradfahrer halten die Verbindung der einzelnen Gruppen untereinander und mit der Lubianka. Menschinski, der das unmittelbare Kommando der neuen Organisation selbst übernommen hat, unterteilt Moskau in zehn Sektoren: ein Netz geheimer Telephonlinien der Lubianka verbindet einen Sektor mit dem andern. Außer Menschinski kennen nur die Arbeiter, die an der Errichtung der Leitungen gearbeitet haben, ihre Existenz und ihre Lage. So sind alle Lebenszentren der technischen Organisation Moskaus telephonisch an die Lubianka angeschlossen und gegen Handstreiche abgesichert. Zahlreiche Zellen für Beobachtung, Kontrolle und Widerstand sind in den Häusern, den strategischen Punkten jedes Sektors untergebracht: Glieder der Kette, die das Zentralnervensystem dieser Organisation bildet. Die Kampfeinheit dieses Spezialkorps ist die Rotte. Jede Rotte muß sich unabhängig von den andern darin üben, in dem zugewiesenen Abschnitt zu handeln. Jeder Mann muß genau die Aufgabe seiner Rotte kennen und die der neun andern Rotten seines Sektors. Die Organisation ist nach der Formulierung Menschinskis „geheim und unsichtbar". Ihre Mitglieder tragen keine Uniform, kein äußeres Zeichen macht sie erkennbar: sogar ihre Zugehörigkeit zur Organisation ist geheim. Außer der technischen und militärischen Ausbildung werden die

Angehörigen des Spezialkorps auch politisch geschult, ihr Haß gegen bekannte und geheime Gegner der Revolution, gegen die Juden, gegen die Anhänger Trotzkis wird mit allen Mitteln geschürt. Juden werden nicht aufgenommen. Die Organisation ist eine wahre Schule des Antisemitismus.

Man hat, in Rußland wie in Europa, oft Natur und Ursprung von Stalins Antisemitismus diskutiert. Manche erklären ihn mit Gründen der politischen Opportunität, als eine Konzession an die Vorurteile der Bauernmassen. Andere betrachten ihn als bloße Episode im Kampf Stalins gegen Trotzki, Sinowiew und Kamenew, die alle drei Juden sind. Wer Stalin anklagt, das Gesetz Lenins verletzt zu haben (das jede Form von Antisemitismus als konterrevolutionäres Verbrechen erklärt und schwer bestraft), ist sich nicht klar darüber, daß Stalins Antisemitismus im Zusammenhang mit den Notwendigkeiten der Staatsverteidigung zu beurteilen ist und daß er nur als ein Bestandteil der Taktik Stalins gegen den Aufstandsversuch Trotzkis zu verstehen ist.

Stalins Haß gegen die drei Juden Trotzki, Sinowiew und Kamenew genügt nicht, zehn Jahre nach der Oktoberrevolution von 1917 eine Rückkehr zum *Staatsantisemitismus* der Zeit Stolipins zu rechtfertigen. Man darf die Ursachen des Kampfes, den Stalin 1927 gegen die Juden begann, nicht mit religiösem Fanatismus und in althergebrachten Vorurteilen suchen, sondern in der Notwendigkeit, die gefährlichsten Elemente unter den Anhängern Trotzkis zu bekämpfen.

Menschinski hat beobachtet, daß die der Masse bekannten Anhänger Trotzkis, Sinowiews und Kamenews durchweg Juden sind. In der Roten Armee, in den Gewerkschaften, in den Fabriken sind die Juden für Trotzki; im Moskauer Sowjet, wo Kamenew die Mehrheit hat, im Leningrader Sowjet, der geschlossen hinter Sinowiew steht, bilden Juden das Nervensystem der

Opposition gegen Stalin. Um die Armee, die Gewerkschaften und die Arbeitermassen Moskaus und Leningrads von Trotzki, Kamenew und Sinowiew zu trennen, genügt es, die alten antisemitischen Vorurteile, die instinktive Abneigung des russischen Volkes gegen die Juden zum Leben zu erwecken. Stalin stützt sich in diesem Kampf gegen die „permanente Revolution“ auf den kleinbürgerlichen Egoismus der Kulaken, der Großbauern, und auf die Ignoranz der bäuerlichen Massen, die ihren atavistischen Haß gegen die Juden keineswegs verloren haben. Er plant, mit Hilfe des Antisemitismus eine Einheitsfront der Soldaten, Arbeiter und Bauern gegen die Gefahr des Trotzkismus zu bilden.
Menschinski hat leichtes Spiel in seinem Kampf gegen die Partei Trotzkis, in seiner Jagd auf die Mitglieder der Geheimorganisation, die Trotzki zu bilden im Begriffe ist, um sich in den Besitz der Macht zu setzen. In jedem Juden argwöhnt und verfolgt Menschinski einen Trotzkisten. Der Kampf gegen die Partei Trotzkis bekommt so den Charakter eines regelrechten Staatsantisemitismus. Die Juden werden methodisch aus der Armee, den Gewerkschaften, der Staats- und Parteibürokratie, der Verwaltung der industriellen und kommerziellen Trusts entfernt. Nach und nach zerbröckelt Trotzkis Partei, die ihre Fühler nach allen Organen der politischen, ökonomischen und administrativen Staatsmaschine ausgestreckt hat. Unter den von der GPU verfolgten, ihrer Posten, ihrer Funktionen, ihrer Gehälter beraubten, eingekerkerten, verbannten und vertriebenen oder mühsam am Rande der Sowjetgesellschaft zu leben gezwungenen Juden gibt es viele, die mit der Verschwörung Trotzkis nichts zu tun haben: „Sie büßen für die andern, die andern büßen für alle“, sagt Menschinski.
Gegen Stalins Taktik vermag Trotzki nichts. Er ist machtlos, sich gegen den instinktiven Judenhaß zu ver-

teidigen. Alle Vorurteile des alten Rußland kehren sich gegen diesen Catilina. Seine ergebensten und treuesten Anhänger, die Arbeiter, die ihm im Oktober 1917 folgten, die Soldaten, die er siegreich gegen die Kosaken Koltschaks und Wrangels führte, sagen sich von ihm los. In den Augen der Massen ist Trotzki nur noch ein Jude.

Sinowiew und Kamenew beginnen den gewaltigen Mut Trotzkis, seinen zähen Willen, seinen Stolz, seinen Haß gegen den, der ihn verrät, der ihn verläßt, seine Mißachtung gegen den, der ihn bekämpft, zu fürchten. Kamenew, schwächer, unentschiedener, feiger als Sinowiew, übt keinen Verrat an Trotzki: er verläßt ihn. Am Vorabend des Aufstands gegen Stalin handelt er gegenüber Trotzki, wie er gegenüber Lenin am Vorabend des Oktoberaufstands 1917 gehandelt hatte. „Ich hatte kein Vertrauen zum Aufstand", sagte er später, um sich zu rechtfertigen. „Auch zum Verrat hatte er kein Vertrauen", sagt Trotzki, der ihm nie verzeihen wird, daß er nicht einmal den Mut hatte, ihn offen zu verraten. Aber Sinowiew verläßt Trotzki nicht, er verrät ihn erst im letzten Moment, nachdem der Gewaltstreich gegen Stalin schon mißlungen ist: „Sinowiew ist kein Feigling; er rettet sich nur aus der Gefahr."

Um ihn im Moment der Gefahr nicht neben sich zu haben, beauftragt ihn Trotzki, in Leningrad die Arbeitertruppps zu organisieren, die sich bei der Nachricht vom Erfolg des Moskauer Aufstands der Stadt bemächtigen sollen. Doch Sinowiew ist nicht mehr das Idol der Arbeitermassen Leningrads. Als im Oktober 1926 das Zentralkomitee der Partei in der alten Hauptstadt versammelt ist, nimmt die Kundgebung, die zu Ehren des Zentralkomitees organisiert worden war, plötzlich den Charakter einer Kundgebung zu Ehren Trotzkis an. Hätte Sinowiew noch seinen alten Einfluß auf die Arbeiter Leningrads gehabt, hätte diese Episode der Anfang einer Revolte werden können. Später nahm er das Verdienst um diese aufstandsträchtige Kundgebung für sich in Anspruch. In Wirklichkeit hatten weder Sinowiew noch Menschinski sie vorausgesehen. Auch Trotzki selbst war davon überrascht: er war klug genug, nicht zu versuchen, unmittelbaren Vorteil daraus zu ziehen. Die Arbeitermassen Leningrads waren nicht mehr, was sie vor zehn Jahren gewesen waren. Was war aus den Roten Garden vom Oktober 1917 geworden? Dieser Aufzug von Arbeitern und Soldaten, die pfeifend vor dem Taurischen Palais an den Tribünen der Mitglieder des Zentralkomitees vorüberziehen und sich um Trotzki drängen, um dem Helden der Oktoberrevolution, dem Schöpfer der Roten Armee, dem Verteidiger der Freiheit der Gewerkschaften zuzujubeln, enthüllt Stalin die Schwäche von Trotzkis Geheimorganisation. Eine Handvoll entschlossener Männer hätte sich an diesem Tage ohne Waffenstreich der Stadt bemächtigen können. Aber es ist nicht mehr Antonow-Owsejenko, der die Arbeitergruppen, die Stoßtrupps des Aufstands befehligt: die Roten Garden Sinowiews fürchten, von ihrem Führer verraten zu werden. Wenn die Partei Trotzkis, denkt Menschinski, in Moskau ebenso stark ist wie in Leningrad, ist die Partie gewonnen.

Der Boden unter Trotzkis Füßen gibt nach; zu lange schon sieht er, ohnmächtig, den Verfolgungen, den Verhaftungen, der Verbannung seiner Anhänger zu; zu lang schon sieht er sich, jeden Tag mehr, verlassen, verraten, auch von denen, die immer Mut und Festigkeit bewiesen hatten. Schließlich stürzt er sich, die Gefahr erkennend, blindlings in den Kampf, er findet in seinem Blut diesen unbezähmbaren prachtvollen Stolz des verfolgten Juden wieder, diesen unerbittlichen rächenden Willen, der seiner Stimme die biblischen Akzente der Verzweiflung und der Auflehnung verleiht.

Dieser bleiche Mann mit den von Fieber und Schlaflosigkeit brennenden, kurzsichtigen Augen, der sich bei den Meetings in den Höfen der Fabriken und Kasernen vor den Massen von mißtrauischen und eingeschüchterten Arbeitern und Soldaten aufrichtet, ist nicht mehr der Trotzki von 1922, von 1923, von 1924, elegant, ironisch und lächelnd. Es ist der Trotzki von 1917, von 1918, von 1919, von 1920 und von 1921, der Trotzki der Oktoberrevolution und des Bürgerkrieges, der bolschewistische Catilina, der Trotzki des Smolny und der Schlachtfelder, der große Rebell. Die Arbeitermassen Moskaus erkennen in diesem bleichen kraftvollen Mann den Trotzki der roten Zeiten Lenins wieder. Schon weht der Wind des Aufruhrs durch Fabriken und Kasernen. Doch Trotzki bleibt seiner Taktik treu, nicht die Menge will er zur Eroberung des Staates ansetzen, sondern die Stoßtrupps, die er insgeheim organisiert hat. Er geht nicht darauf aus, sich durch den allgemeinen Aufstand, die offene Revolte der Arbeitermassen in den Besitz der Macht zu bringen, sondern durch einen „wissenschaftlich" organisierten Staatsstreich. In einigen Wochen wird der zehnte Jahrestag der Oktoberrevolution gefeiert. Aus allen Ländern Europas werden Vertreter der einzelnen Sektionen der Dritten Internationale nach Moskau kommen. Trotzki bereitet sich vor, den zehnten Jahrestag seines Sieges über Kerenski durch einen Sieg über Stalin zu feiern. Die Arbeiterdelegationen aller Länder Europas werden die gewalttätige Wiederholung der proletarischen Revolution gegen den Thermidor der Kleinbürger des Kremls erleben. „Trotzki betrügt im Spiel", sagt Stalin lächelnd. Er verfolgt aus der Nähe alle Bewegungen des Gegners.

Etwa tausend Arbeiter und Soldaten, alte Anhänger Trotzkis, die der revolutionären Grundidee des Bolschewismus treu geblieben sind, stehen für den großen Tag bereit: schon lange üben sich Trotzkis Gruppen von Technikern und Facharbeitern in „unsichtbaren Manövern". Die Männer des von Menschinski zur Verteidigung des Staates organisierten Spezialkorps spüren um sich die Bewegung von Trotzkis Aufstandsmaschine: tausend kleine Zeichen künden ihnen das Nahen der Gefahr. Menschinski bemüht sich mit allen Mitteln, die Bewegungen des Gegners zu hemmen, aber die Sabotagen bei den Eisenbahnen, in den Elektrizitäts-, Telephon- und Telegraphenzentralen nehmen täglich zu. Die Agenten Trotzkis dringen überall ein, betasten das Räderwerk der technischen Organisation, bewirken von Zeit zu Zeit die teilweise Lähmung der heikelsten Organe. Das sind die den Aufstand einleitenden Scharmützel.

Die ständig mobilisierten Techniker des Spezialkorps Menschinskis überwachen das Zentralnervensystem des Staates, sie erproben und messen Resistenz und Reaktionen seines Motors. Menschinski möchte, ohne länger zu zögern, Trotzki und die gefährlichsten seiner Anhänger festnehmen, aber Stalin widersetzt sich. Am Vorabend der Feier des zehnten Jahrestages der Oktoberrevolution würde Trotzkis Verhaftung einen ungünstigen Eindruck auf die Massen und auf die Arbeiterdelegationen aller Länder Europas machen, die schon in Moskau einzutreffen beginnen, um an den offiziellen Feierlichkeiten teilzunehmen. Die von Trotzki gewählte Gelegenheit, sich des Staates zu bemächtigen, könnte nicht günstiger sein. Als der gewiegte Taktiker, der er ist, hat er Deckung gesucht: um nicht als Tyrann dazustehen. wird Stalin nie wagen, ihn zu verhaften. Im Moment, wo er es wird wagen können, wird es zu spät sein, denkt Trotzki: die Freudenfeuer des zehnten Jahrestages der Revolution werden gelöscht und Stalin wird nicht mehr an der Macht sein.

Die Aufstandsaktion soll mit der Besetzung der technischen Organe der Staatsmaschine beginnen und mit der

Festsetzung der Volkskommissare, der Mitglieder des Zentralkomitees und der Kommission zur Säuberung der Partei. Aber Menschinski hat den Stoß pariert: Trotzkis rote Garden finden leere Häuser. Alle Führer von Stalins Partei haben im Kreml Zuflucht gefunden, wo Stalin kalt und geduldig den Ausgang des Kampfes abwartet, der sich zwischen den Stoßtrupps des Aufstands und dem Spezialkorps Menschinskis entsponnen hat. Es ist der 7. November 1927. Ganz Moskau ist rot beflaggt; die Umzüge der Vertreter der föderativen Republiken der UdSSR, die aus allen Teilen Rußlands und aus dem Innern Asiens gekommen sind, defilieren vor dem Hotel Savoy und dem Hotel Metropol, in denen die Arbeiterdelegationen der verschiedenen Länder Europas wohnen. Auf dem Roten Platz, vor der Kremlmauer, umgeben Tausende und Abertausende von Purpurfahnen das Mausoleum Lenins. Im Hintergrund des Platzes, gegen die Wassili-Blaschenni-Kirche, sind die berittenen Kosaken Budjonnis, die Infanterie Tuchatschewskis, die Veteranen von 1918, von 1919, von 1920, von 1921 angetreten, dieselben Soldaten, die Trotzki an allen Fronten des Bürgerkrieges zum Siege geführt hat. Während der Volkskommissar der Streitkräfte, Woroschilow, die militärischen Abordnungen der UdSSR abschreitet, unternimmt Trotzki, der Schöpfer der Roten Armee, mit tausend Mann die Eroberung des Staates.

Menschinski hat seine Maßnahmen getroffen. Seine Verteidigungstaktik besteht nicht darin, durch großes Kräfteaufgebot die bedrohten Gebäude von außen zu schützen, sondern mit einer Handvoll Männer von innen. Dem unsichtbaren Angriff Trotzkis setzt er eine unsichtbare Verteidigung entgegen. Er verfällt nicht in den Fehler, seine Kräfte zu verzetteln, um den Kreml, die Volkskommissariate, die Sitze der Staatstrusts von Industrie und Handel, die Gewerkschaften und die öffentlichen Verwaltungen zu sichern. Während die Polizeiabteilungen der GPU für die Sicherheit der politischen und administrativen Organisation des Staates sorgen, konzentriert er die Kräfte des Spezialkorps auf die Verteidigung der technischen Organisation. Trotzki hatte die Taktik Menschinskis nicht vorausgesehen. Er verachtete Menschinski zu sehr und war zu sehr von sich selbst überzeugt, als daß er Menschinski für einen gefährlichen Gegner gehalten hätte. Zu spät erkennt er, daß der Gegner es verstanden hat, aus der Lektion vom Oktober 1917 zu lernen. Als man Trotzki mitteilt, daß seine Anschläge gegen die Telephon- und Telegraphenzentralen und gegen die Bahnhöfe mißglückt sind und daß die Ereignisse sich in unerwarteter und unerklärlicher Weise entwickeln, erkennt er sofort, daß die Aufstandsaktion auf eine Verteidigungsorganisation gestoßen ist, die etwas anderes ist als die klassischen Polizeimaßnahmen, vermag aber nicht, sich von der wirklichen Situation Rechenschaft zu geben. Erst als schließlich auch der Anschlag gegen die Elektrizitätszentrale mißlungen ist, ändert er aus dem Stegreif seinen Aktionsplan und versucht, sich in den Besitz der politischen und administrativen Organisation des Staates zu setzen. Da er auf seine geschlagenen Stoßtrupps nicht mehr zählen kann, die durch die unvorhergesehene heftige Reaktion des Gegners zerstreut sind, gibt er seine Taktik auf und konzentriert alle Anstrengungen auf den verzweifelten Versuch eines allgemeinen Aufstands.

Der Aufruf, den er an diesem Tage an die proletarischen Massen Moskaus richtet, wird nur von tausend Studenten und Arbeitern gehört. Während auf dem Roten Platz vor dem Lenin-Mausoleum eine ungeheure Menge die Tribüne Stalins, der Häupter von Regierung und Partei und der ausländischen Delegierten der Dritten Internationale umlagert, dringen Trotzkis Anhänger in das Amphitheater der Universität ein, schlagen die

Attacke eines Polizeidetachements zurück und ziehen an der Spitze einer Kolonne von Studenten und Arbeitern zum Roten Platz.

Das Verhalten Trotzkis bei dieser Gelegenheit ist heftig und unterschiedlich kritisiert worden. Der Aufruf an das Volk, der Zug durch die Straßen, diese Art von unbewaffneter Meuterei, all das war nichts als ein törichtes Abenteuer. Nach dem Mißlingen des Aufstandsversuchs scheint Trotzki nicht mehr von jener kalten Intelligenz geleitet, die sonst stets, in den entscheidenden Stunden seines Lebens, berechnend die Glut seiner Einbildungskraft und mit Zynismus die Gewalt seiner Leidenschaften dominiert hatte: in trunkener Verzweiflung verliert er die Kontrolle der Situation und läßt sich von seiner leidenschaftlichen Natur fortreißen, die ihn zu dem absurden Versuch verleitet, Stalin durch eine Meuterei zu stürzen. Er fühlt wohl, daß die Partie verloren ist, daß die Massen kein Vertrauen mehr zu ihm haben, daß nur wenige Freunde ihm treu bleiben; er fühlt, daß er nur noch auf sich selbst zählen kann, aber daß „solange nicht alles verloren ist, nichts verloren ist". Man hat ihm sogar den verwegenen Plan zugeschrieben, sich der Mumie Lenins zu bemächtigen, die in dem gläsernen Sarg des tristen Mausoleums am Fuß der Kremlmauer ruht, das Volk um den Fetisch der Revolution zusammenzurufen, die Mumie des roten Diktators als Sturmbock zu benutzen, um die Tyrannei Stalins niederzuschlagen. Eine düstere Legende, die nicht ohne Größe ist. Vielleicht hat wirklich die Idee, sich der Mumie Lenins zu bemächtigen, einen Augenblick lang Trotzkis überspannte Phantasie gestreift, als sich um ihn die Rufe der Menge erhoben und unter dem Gesang der Internationale seine kleine Armee von Studenten und Arbeitern zum Roten Platz marschierte, der von einer Riesenmenge Soldaten und Volk überfüllt war, starrend von Bajonetten und flammend von Fahnen.

Schon beim ersten Aufprall weicht der Zug seiner Anhänger zurück, er verläuft sich. Trotzki schaut um sich. Wo sind seine Getreuen, die Führer seiner Fraktion, die Generale dieser seiner kleinen waffenlosen Armee auf dem Weg zur Eroberung des Staates? Der einzige, der im Gedränge auf seinem Posten bleibt, ist Trotzki, der große Rebell, der Catilina der bolschewistischen Revolution. „Ein Soldat", erzählt Trotzki, „schoß auf mein Auto, zur Warnung. Sicherlich führte ihm jemand die Hand. Wer Augen hatte, zu sehen, erlebte an diesem 7. November in den Straßen Moskaus das Beispiel eines Thermidor."

In der Öde seines Exils glaubt Trotzki vielleicht, daß das proletarische Europa eine Lehre aus diesen Ereignissen ziehen wird. Er vergißt, daß es vielleicht das bürgerliche Europa ist, das daraus lernt.

1920, POLNISCHES ZWISCHENSPIEL – IN WARSCHAU HERRSCHT ORDNUNG

Nach einigen Wochen, die ich beim Obersten Rat in Versailles verbracht hatte, wurde ich im Oktober 1919 als diplomatischer Attaché zur italienischen Gesandtschaft in Warschau beordert. Dadurch hatte ich wiederholt Gelegenheit, in die Nähe Pilsudskis zu kommen, und überzeugte mich schließlich, daß er sich viel mehr von seiner Phantasie und seinen Leidenschaften leiten ließ als von Logik, daß er eher anmaßend als ehrgeizig war und daß im Grunde sein Wille stärker war als seine Intelligenz. Er scheute sich nicht zu erklären, er sei irr und starrköpfig wie alle Polen aus Litauen.

Die Geschichte seines Lebens hätte ihm sicher nicht die Sympathie Plutarchs oder Machiavellis eingetragen. Seine Persönlichkeit als Revolutionär erschien mir weit weniger interessant als die der großen Konservativen wie Wilson, Clemenceau, Lloyd George oder Foch, die ich bei der Versailler Friedenskonferenz beobachten konnte. Als Revolutionär schien mir Pilsudski viel unbedeutender als selbst Stambuliski, der mir den Eindruck eines völlig gewissenlosen Mannes, aber auch des glühendsten und zynischsten Catilinariers gemacht hatte, als er es wagte, von Frieden und Gerechtigkeit unter den Völkern Europas zu reden.

Als ich Pilsudski das erstemal in seiner Residenz im Belvedere in Warschau gegenüberstand, wunderte ich mich über seinen Anblick und sein Verhalten. Man spürte in ihm den bürgerlichen Catilinarier, der damit beschäftigt ist, die kühnsten Pläne in den Grenzen der überkommenen zivilen Moral seiner Zeit und seines Volkes zu entwerfen und auszuführen, in Respektierung einer Legalität, die er zu vergewaltigen beabsichtigte, ohne jedoch das Risiko einzugehen, sich außerhalb des Gesetzes zu stellen. Bei allen seinen Aktionen bis hin zum Staats-

streich von 1926 hat sich Pilsudski nie von der Maxime entfernt, die Maria Theresia in ihrer polnischen Politik befolgte: „Preußisch handeln, aber mit den Apparencen der Ehrenhaftigkeit."
Man darf sich nicht wundern, daß Pilsudski sich die Maxime Maria Theresias zu eigen machte und sich bis zuletzt, also bis es zu spät war, bemüht hat, den Schein der Legalität zu wahren. Diese ständige Bemühung, die vielen Revolutionären gemeinsam ist, erwies ihn als unfähig, wie sich dann 1926 zeigte, den Staatsstreich nach den Regeln einer Kunst, die nicht nur Politik ist, zu planen und durchzuführen. Jede Kunst hat ihre Technik. Nicht alle großen Revolutionäre kannten die Technik des Staatsstreichs: Catilina, Cromwell, Robespierre, Napoleon, um nur einige der größten zu nennen, selbst Lenin haben gezeigt, daß sie alles von dieser Kunst wußten, bis auf die Technik. Den Bonaparte des 18. Brumaire und General Boulanger trennt nur Lucien Bonaparte. Im Spätherbst 1919 war Pilsudski in den Augen des ganzen polnischen Volkes der einzige Mann, der fähig war, das Schicksal der Republik in die Hand zu nehmen. Er war damals das Oberhaupt des Staates, aber mehr der Form als der Substanz nach, und selbst diese Form war provisorisch, da der im Januar gewählte Sejm erst die Verfassung zu beschließen hatte. Das Spiel der politischen Parteien und der persönlichen Ambitionen setzte der Autorität des Staatsoberhauptes enge Grenzen. Dem Sejm gegenüber befand sich Pilsudski in derselben Lage wie Cromwell gegenüber dem Parlament vom 3. September 1654.
Vergebens erwartete die öffentliche Meinung von ihm, daß er den Sejm auflösen und selbst die ganze Macht verantwortlich übernehmen werde. Diese Art Diktator, brutal und bürgerlich, Aufrührer, aber in Wahrung der Legalität und bedacht, vor den Augen des Volkes unparteiisch zu erscheinen, diese Art von sozialistischem

General, Revolutionär bis zum Gürtel und darüber Reaktionär, der es nicht vermochte, sich zwischen dem Bürgerkrieg und dem Krieg gegen das Rußland der Sowjets zu entscheiden, der jede Woche mit einem Staatsstreich drohte und dabei den sehnlichsten Wunsch bekundete, sich der Legalität und der Legimität einer noch nicht geborenen Konstitution zum Opfer zu bringen – dieser Mann begann die öffentliche Meinung stark zu beunruhigen. Nicht nur die Sozialisten, sondern auch die Männer der Rechten fragten sich verwundert, worauf dieser Theseus noch warten mochte, der seit fast einem Jahr den Ariadnefaden zwischen den Fingern drehte, ohne sich zu entschließen, sich seiner zu bedienen, um entweder aus dem politischen und finanziellen Labyrinth, in dem sich der Staat verirrt hatte, herauszukommen, oder um die Freiheit der Republik zu erwürgen; und der seine Zeit damit verlor, in seinen Mußestunden im Belvedere, der Sommerresidenz der Könige, die Intrigen Paderewskis, des Ministerpräsidenten, aufzudröseln, der aus dem im Herzen Warschaus gelegenen Schloß, der Winterresidenz der polnischen Könige, den Trompeten von Pilsudskis Ulanen mit seinem Klavier antwortete.

In den Augen des Volkes nahm das Ansehen des Staatschefs, das sich durch parlamentarische Polemiken und Parteiintrigen verbrauchte, von Tag zu Tag ab. Die unerklärliche passive Haltung Pilsudskis gegenüber den Gefahren der äußeren und inneren Lage stellte das Vertrauen der Sozialisten in ihren alten Genossen der Komplotte und des Exils auf eine harte Probe. Nach dem erfolglosen Versuch des Fürsten Sapieha, Hauptakteur des mißglückten Staatsstreichs vom Januar 1919 gegen Pilsudski, hatte der Adel zunächst die Idee einer gewaltsamen Eroberung der Macht aufgegeben, kam aber bald wieder auf seine ehrgeizigen Trugbilder zurück und überzeugte sich, daß Pilsudski nicht nur keine Gefahr mehr für die öffentliche Freiheit darstellte, sondern auch nicht mehr in der Lage war, die Freiheit gegen einen Versuch der Rechten zu verteidigen.

Pilsudski trug Fürst Sapieha nichts nach, der wie er selbst Litauer war, aber ein Grandseigneur mit überzeugenden und höflichen Manieren, elegant bis zu heuchlerischem Optimismus, von jener ungezwungenen, nachlässigen englischen Eleganz, die in England erzogenen Ausländern zur zweiten Haut wird. Fürst Sapieha war nicht der Mann, der Pilsudskis Argwohn und Eifersucht erregen konnte; sein revolutionärer Versuch war so offensichtlich das Unternehmen eines Dilettanten und politischen Ignoranten gewesen, daß er nicht beunruhigen konnte. Ebenso vorsichtig wie parteiisch und seine Verachtung der polnischen Aristokratie bis zur Nonchalance treibend, rächte Pilsudski sich an Sapieha, indem er ihn zum Gesandten in London ernannte: ein in Cambridge erzogener Sulla, der nach England zurückkehrte, um seine Studien zu beenden.

Aber nicht nur unter den Parteien der Rechten, die die Gefahr fürchteten, die aus der parlamentarischen Unordnung für das Wohl der Republik und für die Interessen der Großgrundbesitzer erwuchs, reifte allmählich der Plan, sich durch Gewalt in den Besitz der Macht zu setzen. Der General Joseph Haller, der zu Ende des Krieges, nachdem er sich tapfer an der französischen Front geschlagen hatte, an der Spitze einer nur seiner Person ergebenen Freiwilligenarmee nach Polen zurückgekehrt war, hielt sich abseits; er war Gegner Pilsudskis und bereitete sich darauf vor, dessen Nachfolge anzutreten. Der Chef der englischen Militärmission, General Carton de Wiart, von dem die Polen sagten, daß er Nelson ähnelte, weil er in der Schlacht ein Auge und einen Arm verloren hatte, erklärte lächelnd, daß Pilsudski gut daran täte, Haller zu mißtrauen, der hinke wie Talleyrand.

Indessen verschlechterte sich die innere Lage von Tag zu Tag. Nach dem Sturz Paderewskis hatte sich der Kampf der Parteien verschärft, und der neue Ministerpräsident, Skulski, schien nicht der geeignete Mann zu sein, der administrativen und politischen Unordnung, den Forderungen der Parteiungen, den Ereignissen, die sich insgeheim vorbereiteten, entgegenzutreten. Gegen Ende März widersetzte sich General Haller in einem in Warschau abgehaltenen Kriegsrat entschlossen den militärischen Plänen Pilsudskis; als die Eroberung Kiews beschlossen wurde, zog er sich in die Provinz zurück und blieb abseits, eine Zurückhaltung, die sich nicht allein mit strategischen Erwägungen rechtfertigen ließ.
Im April 1920 überschritt das polnische Herr die Grenze der Ukraine und zog am 8. Mai in Kiew ein. Pilsudskis leichte Siege erregten in ganz Polen größte Begeisterung. Am 18. Mai bereitete die Warschauer Bevölkerung dem Sieger, den die naivsten und fanatischsten seiner Anhänger treuherzig mit dem Sieger von Marengo verglichen, einen triumphalen Empfang. Anfang Juli jedoch eröffnete die bolschewistische Armee unter Trotzkis Kommando die Offensive, am 10. zog die Kavallerie Budjonnis in Kiew ein. Angst und Verwirrung, als Folge dieser unerwarteten Nachricht, erregten den Furor der Parteien und die Maßlosigkeit der Ehrgeizigen. Ministerpräsident Skulski gab die Macht an Grabski ab, der Minister des Äußeren, Patek, wurde durch Fürst Sapieha, den Londoner Gesandten, ersetzt, den einstigen Sulla, der jetzt, von den Lehren des englischen Liberalismus besänftigt, zurückkehrte. Das ganze Volk erhob sich in Waffen gegen die rote Invasion; selbst Haller, Pilsudskis Widersacher, eilte mit seinen Freiwilligen dem gedemütigten Rivalen zu Hilfe. Trotzdem tobten die Parteien, deren Lärmen das Wiehern der Pferde Budjonnis übertönte.
Anfang August stand die Armee Trotzkis vor den To-

ren Warschaus. Inmitten einer unruhigen, schweigenden Masse, die sich Tag und Nacht auf der Jagd nach Neuigkeiten in den Straßen drängte, irrten Scharen von Flüchtlingen, entronnenen Soldaten und geflohenen Bauern durch die Stadt, das Grollen der Schlacht kam näher und näher. Grabski, der neue Ministerpräsident, stürzte nach wenigen Tagen, und sein Nachfolger Witos, von der Rechten ungern gesehen, bemühte sich vergebens, den Parteien und Gruppen einen Burgfrieden aufzuzwingen und den zivilen Widerstand zu organisieren. In den Arbeitervierteln, im Stadtteil Nalewski, im Warschauer Ghetto, wo 300 000 Juden dem Lärmen der Schlacht lauschten, gärte bereits die Revolte. In den Korridoren des Parlaments, in den Vorzimmern der Ministerien, in den Büros der Banken, in den Redaktionen, Cafés, Kasernen liefen die sonderbarsten Gerüchte um. Man sprach vom wahrscheinlichen Eingreifen deutscher Truppen, die Witos in Berlin angefordert habe, um die bolschewistische Offensive einzudämmen. Im Verlauf einer parlamentarischen Interpellation des Abgeordneten Glombiuski erfuhr man später, daß von Witos Verhandlungen mit Deutschland eingeleitet worden waren, aber im Einvernehmen mit Pilsudski. Man brachte diese Unterredungen mit dem Eintreffen des Generals Weygand in Verbindung, das man als Desavouierung von Witos, aber mehr noch als Herabsetzung Pilsudskis ansah. Die Rechte, die sich immer der französischen Politik unterwarf, beschuldigte den Staatschef der Doppelzüngigkeit und Unfähigkeit und verlangte eine starke Regierung. Witos selbst, unfähig, den Aufruhr der Parteien zu beschwichtigen, schob die Verantwortung für das Desaster auf die Rechte wie auf die Linke und verschlimmerte so das Chaos.

Der Feind stand vor den Toren der Stadt; Hunger und Aufruhr hatten bereits ihren Einzug in Warschau gehalten. Demonstrationen durchzogen die Straßen der Vorstädte, auf den Gehsteigen des Krakowskie Przedmiescie lungerten vor den Palais, den Banken und den großen Hotels schon Banden von Deserteuren, mit trüben Augen in den abgezehrten Gesichtern.

Am 6. August begab sich der apostolische Nuntius, Monsignor Ratti, der jetzige Papst Pius XI., in seiner Eigenschaft als Doyen des Diplomatischen Korps, begleitet von den Gesandten Englands, Italiens und Rumäniens zum Premierminister Witos, um ihn zu bitten, schon jetzt die Stadt zu bestimmen, in die die Regierung im Falle der Räumung der Hauptstadt übersiedeln werde. Dieser Schritt war am Abend vorher nach langer Diskussion in einer Versammlung des diplomatischen Korps in der Nuntiatur beschlossen worden. Der größere Teil der ausländischen Vertreter war dem Beispiel des englischen Gesandten, Sir Horace Rumbold, und des deutschen Gesandten, Graf Oberndorff, gefolgt und hatte sich für die sofortige Übersiedlung des diplomatischen Korps in eine sichere Stadt, nach Posen oder Czenstochau, ausgesprochen. Sir Horace Rumbold hatte sogar vorgeschlagen, der polnischen Regierung die Wahl Posens als provisorische Hauptstadt zu empfehlen und zunächst das Außenministerium dorthin zu verlegen.
Die einzigen, die auf die Notwendigkeit hinwiesen, bis zum letzten Augenblick in Warschau zu bleiben, waren der Nuntius Monsignor Ratti und der italienische Gesandte Tommasini. Ihre Haltung war in der Versammlung lebhaft kritisiert worden und wurde auch von der polnischen Regierung beanstandet, denn diese Regierung argwöhnte, daß der päpstliche Nuntius und der Gesandte Italiens lediglich deshalb in Warschau bleiben wollten, weil sie insgeheim hofften, sich im letzten Moment verhindert zu sehen, die Stadt zu verlassen, und gezwungen zu sein, während der bolschewistischen Besatzung dort zu bleiben. Auf diese Weise, hieß es,

werde der Nuntius des Papstes Gelegenheit bekommen, zwischen dem Vatikan und der Sowjetregierung Kontakte herzustellen und die religiösen Probleme zur Sprache zu bringen, an denen der Kirche gelegen war, die den russischen Ereignissen ständige Aufmerksamkeit schenkte und nur auf eine Gelegenheit lauerte, ihren Einfluß in Osteuropa zu erweitern, was nicht nur die Ernennung von Pater Genocchi zum Apostolischen Visitator in der Ukraine, sondern auch die offene Unterstützung bestätigten, die der Nuntius Monsignor Ratti dem unierten Metropoliten von Lemberg, Monsignor Andreas Szeptycki, zuteil werden ließ. Die unierte Kirche Ostgaliziens war vom Heiligen Stuhl immer als die natürliche Brücke zur katholischen Rückgewinnung Rußlands angesehen worden. Vom Gesandten Italiens, Tommasini, nahm man an, daß er präzise Weisungen seines Außenministers, Graf Sforza, befolgte, der aus innenpolitischen Erwägungen, um den Forderungen der italienischen Sozialisten entgegenzukommen, ebenfalls mit den Sowjets in Verbindung zu treten wünschte. Wenn die Bolschewisten die Hauptstadt Polens besetzten, so konnte die Anwesenheit des Gesandten Tommasini eine bequeme Gelegenheit zu diplomatischen Kontakten mit der Regierung Moskaus bieten.

Der Schritt Monsignore Rattis als Doyen des Diplomatischen Korps wurde von Witos äußerst kühl aufgenommen. Trotzdem wurde beschlossen, daß sich im Falle der Gefahr die polnische Regierung nach Posen begeben und für die Übersiedlung des diplomatischen Korps Sorge tragen werde. Zwei Tage später, am 8. August, verließ ein großer Teil des Personals der Gesandtschaft Warschau.

Vorhutpatrouillen der bolschewistischen Armee waren schon an den Toren der Stadt. In den Arbeitervorstädten knatterten die ersten Gewehrschüsse. Der Augenblick, den Staatsstreich zu versuchen, war gekommen.

Warschau bot in diesen Tagen den Anblick einer auf Plünderung gefaßten Stadt. Die schwüle schwere Augusthitze erstickte Stimmen und Geräusche; tiefes Schweigen lastete über der in den Straßen wogenden Menge. Immer wieder spalteten endlose Straßenbahnzüge, mit Verwundeten beladen, langsam die Massen. Die Verwundeten reckten die Köpfe zu den Fenstern und ballten fluchend die Fäuste. Gedehntes Murmeln pflanzte sich von Gehsteig zu Gehsteig, von Straße zu Straße fort. Mit einer Eskorte Ulanen, zwischen den Hufen der Pferde, gebeugt, hinkend, in Lumpen gehüllt, den roten Stern auf der Brust, zogen bolschewistische Gefangene vorüber. Bei ihrem Vorbeizug teilte sich die Menge schweigend, um sich dann schwerfällig wieder zu schließen. Hier und da brachen Tumulte aus, die sofort im Gedränge erstickten. Über dem Meer von Köpfen ragten vereinzelt hohe schwarze Kreuze, von mageren, fiebernden Soldaten in Prozession getragen, das Volk bewegte sich langsam, in Wellen vorwärts, in der Straßenmitte bildete sich eine Strömung, folgte den Kreuzen, stockte, wogte zurück, verlor sich in wirbelnden Bächen in der Menge. Am Kopf der Weichselbrücken horchte eine ruhelose, schweigende Menge auf fernes Donnern; dichte Wolken, gelb von Sonne und Staub, schlossen den Horizont ab, der wie unter dem Stoß eines Mauerbrechers dröhnend erzitterte.

Der Zentralbahnhof war Tag und Nacht von den lungernden Scharen der Deserteure und Flüchtlinge aller Rassen und Gattungen belagert. Nur die Juden schienen sich im Tumult dieser Tage in ihrem Element zu befinden. Das Nalewski-Viertel, das Ghetto von Warschau, war voll festlicher Freude. Der Haß gegen die Polen als Verfolger der Kinder Israels, die Genugtuung, den ganzen Jammer des intoleranten katholischen Landes zu erleben, äußerte sich in Akten des Mutes und der Gerechtigkeit: bei den Juden von Nalewski, die sonst aus Klugheit und alter Tradition stumm und passiv waren, etwas ganz Ungewöhnliches. Juden wurden zu Anführern; für die Polen ein schlechtes Zeichen.

Die Nachrichten aus dem besetzten Gebiet, welche die Flüchtlinge mitbrachten, nährten den Geist des Aufruhrs; beeilten sich nicht die Bolschewisten, in jeder eroberten Stadt, in jedem besetzten Dorf einen Sowjet einzusetzen, der aus den Juden des Ortes bestand? Aus Verfolgten wurden die Juden zu Verfolgern. Freiheit, Rache, Macht, das waren zu süße Früchte, als daß die verelendete Plebs von Nalewski nicht wünschte, hineinzubeißen. Die Rote Armee, jetzt einige Meilen vor Warschau, fand einen natürlichen Verbündeten in der starken jüdischen Bevölkerung der Stadt, deren Zahl und Erregung täglich anschwoll. In den ersten Augusttagen gab es in Warschau eine halbe Million Juden. Ich habe mich damals oft gefragt, was diese gewaltige, aufrührerische, von fanatischem Haß glühende und nach Freiheit hungernde Masse zurückhalten mochte, einen Aufstand zu versuchen. Jeder Handstreich mußte gelingen.

Der Staat in Auflösung, die Regierung im Todeskampf, das Heer geschlagen, ein großer Teil des Staatsgebietes besetzt, die Hauptstadt Beute der Unordnung und fast schon belagert: tausend entschlossene, zu allem bereite Männer hätten genügt, sich ohne einen Schuß der Stadt zu bemächtigen. Aber die Erfahrung dieser Tage hat mich überzeugt, daß Catilina Jude sein kann, die Catilinarier aber, die Ausführenden des Staatsstreichs, sich nicht aus den Kindern Israels rekrutieren können. Im Oktober 1917 war in Petrograd der Catilina des bolschewistischen Aufstands Trotzki, der aus einer jüdischen Familie stammte, nicht Lenin; aber die Ausführenden, die Catilinarier: Matrosen, Arbeiter und Soldaten, waren in der Hauptsache Russen. In seinem Kampf gegen Stalin im Jahre 1927 mußte Trotzki auf seine

Kosten erfahren, wie gefährlich es ist, einen Staatsstreich zu unternehmen, dessen Durchführung hauptsächlich jüdischen Elementen anvertraut war.

Fast täglich versammelte sich das diplomatische Korps in der Nuntiatur, um die Lage zu besprechen. Ich begleitete dorthin oft den italienischen Gesandten Tommasini, der sich über die Haltung seiner Kollegen nicht sehr zufrieden zeigte, die alle die These von Sir Horace Rumbold und Graf Oberndorff vertraten. Nur der französische Gesandte, Monsieur de Panafieu, verhehlte sich nicht, obgleich auch er die Situation für kritisch hielt, daß die Abreise des diplomatischen Korps nach Posen wie eine Flucht aussehen und die öffentliche Meinung empören werde. Er glaubte deshalb wie Monsignor Ratti und der Gesandte Italiens, daß man bis zuletzt in Warschau bleiben müsse und daß der Rat von Sir Horace Rumbold und Graf Oberndorff, die Stadt sofort zu verlassen, nur dann zu befolgen wäre, wenn die Verschärfung der internen Situation die militärische Verteidigung der Stadt gefährden könnte.
In Wirklichkeit stand die These Panafieus derjenigen der Gesandten Englands und Deutschlands näher als der These des päpstlichen Nuntius und des italienischen Gesandten. Denn während Tommasini und Monsignor Ratti – deren Absicht, selbst im Falle einer bolschewistischen Besetzung in Warschau zu bleiben, auf der Hand lag – sich nach außen zur militärischen Situation wie zur inneren Krise optimistisch äußerten und ständig erklärten, daß das diplomatische Korps nichts damit riskiere, die Abreise nach Posen zu verschieben, betrachtete Panafieu nur die militärische Lage zuversichtlich. Denn es durfte nicht so aussehen, als mangele es ihm an Vertrauen zu Weygand. Nachdem die Verteidigung der Stadt praktisch einem französischen General anvertraut war, tat der Gesandte Frankreichs, als stimme er

der These von Sir Horace Rumbold und Graf Oberndorff nicht aus militärischen Bedenken zu, sondern lediglich wegen der Gefahren, die die innere Lage in sich barg. Die Gesandten Englands und Deutschlands fürchteten vor allem, daß Warschau der bolschewistischen Armee in die Hände fallen könnte. Panafieu durfte offiziell nichts anderes fürchten als eine Revolte der Juden oder der Kommunisten: „Was ich fürchte", sagte er, „ist ein Dolchstoß in Pilsudskis und in Weygands Rücken."

Der apostolische Nuntius, wie Monsignor Pellegrinetti, Sekretär der Nuntiatur, erklärte, glaubte nicht an die Möglichkeit eines Staatsstreichs. „Der Nuntius", sagte lächelnd General Carton de Wiart, Chef der englischen Militärmission, „kann sich nicht vorstellen, daß das Gesindel des Ghettos und der Vorstädte Warschaus den Versuch wagt, die Macht an sich zu reißen. Aber Polen ist nicht die Kirche, wo nur die Päpste und Kardinäle Staatsstreiche machen."

Obgleich Monsignor Ratti nicht den Eindruck hatte, daß die Regierung, die militärischen Führer und die regierende Kaste, also die für die Lage Verantwortlichen, alles taten, was in ihrer Macht stand, um neue und ernstere Gefahren zu verhindern, war er überzeugt, daß jeder Aufruhrversuch scheitern werde. Immerhin waren Panafieus Argumente zu schwerwiegend, um beim Nuntius nicht einige Bedenken zu erwecken. Daher wunderte ich mich nicht, daß eines Morgens Monsignor Pellegrinetti den Gesandten Tommasini aufsuchte und ihn bat, sich eiligst zu vergewissern, daß die Regierung alle notwendigen Maßnahmen gegen den etwaigen Versuch einer Revolte getroffen habe. Tommasini ließ sofort den italienischen Konsul Paolo Brenna rufen, teilte ihm die Bedenken des Nuntius mit und bat ihn in Gegenwart Monsignor Pellegrinettis, sich über die Maßnahmen der Regierung zur Verhinderung eines Aufstandes zu informieren. Die Nachrichten, die General Romei, der Chef der italienischen Militärmission, ihm soeben über die ständigen Fortschritte der bolschewistischen Offensive bestätigt hatte, ließen ihm nicht den geringsten Zweifel am Schicksals Warschaus. Das war am 12. August. In der Nacht hatte sich die Armee Trotzkis bis auf etwa zwanzig Meilen der Stadt genähert. „Wenn sich die polnischen Truppen noch einige Tage halten", sagte der Gesandte, „kann das Manöver General Weygands gelingen. Man darf sich aber keinen großen Illusionen hingeben." – Der Gesandte forderte ihn auf, in die Arbeitervorstädte und in das Nalewski-Viertel zu gehen, wo man Unruhen befürchtete, und sich mit eigenen Augen zu überzeugen, ob an den heikelsten Stellen der Stadt die getroffenen Maßnahmen ausreichten, um Weygand und Pilsudski den Rücken freizuhalten und die Regierung gegen einen etwaigen Handstreich zu sichern. „Sie gehen besser nicht allein", sagte er zum Schluß und empfahl ihm, sich von Hauptmann Rollin, Attaché bei der französischen Gesandtschaft, und von mir begleiten zu lassen.

Capitaine Rollin war Kavallerieoffizier und neben dem Major Charles de Gaulle einer der ernstesten und gebildetsten Mitarbeiter Panafieus und des Generals Henry, des Chefs der französischen Militärmission. Er kam häufig in die italienische Gesandtschaft und stand zu Tommasini in sehr freundschaftlichen Beziehungen. Später, 1921 und 1922, traf ich ihn in Rom wieder, während der faschistischen Revolution; er war damals im Palazzo Farnese Attaché bei der französischen Botschaft und zeigte die größte Bewunderung für die revolutionäre Taktik Mussolinis. Seit die bolschewistische Armee Warschau bedrohte, begab ich mich fast jeden Tag mit ihm zu den polnischen Vorposten, um die Entwicklung des Kampfes aus der Nähe zu verfolgen. Abgesehen von den roten Kosaken, hervorragenden Reitern und ruhmreicherer Fahnen würdig, sahen die bolschewistischen Soldaten nicht sehr gefährlich aus. Sie zogen langsam, disziplinlos und zögernd ins Feuer; ihr Anblick war der verhungerter, zerlumpter Menschen, die nur von Furcht und Hunger vorwärts getrieben werden. Aufgrund meiner langen Kriegserfahrung an der französischen und an der italienischen Front war es mir unverständlich, wieso die Polen sich vor solchen Soldaten zurückziehen konnten.

Ich begleitete also den italienischen Konsul Brenna und Capitaine Rollin. Dieser war der Meinung, daß die polnische Regierung noch nicht einmal die Anfangsgründe der Kunst kenne, wie ein moderner Staat verteidigt wird. Diese Meinung dürfte auch für Pilsudski gelten, wenn auch in einem andern Sinne. Die polnischen Soldaten gelten als besonders tapfer. Aber was nützt die Tapferkeit der Soldaten, wenn ihre Führer nicht wissen, daß die Kunst, sich zu verteidigen, darin besteht, die eigenen schwachen Stellen zu kennen? Die Vorsichtsmaßnahmen, die von der Regierung gegen einen möglichen Aufstandsversuch getroffen worden waren, schienen der beste Beweis dafür, daß sie nicht wußte, welches die schwachen Stellen eines modernen Staates sind. Die Technik des Staatsstreichs hat seit Sulla beträchtliche Fortschritte gemacht; so leuchtet ein, daß die Maßnahmen, die Kerenski traf, um Lenin zu hindern, die Macht zu ergreifen, eigentlich ganz andere sein mußten als Cicero sie anwandte, um die Republik gegen den Aufstand Catilinas zu verteidigen. Was einst eine Frage der Polizei war, ist heute ein Problem der Technik geworden. Man hat im März 1920 während des Kapp-Putsches in Berlin erlebt, welch großer Unterschied zwischen Polizei und Technik besteht.

Die polnische Regierung hatte gehandelt wie Kerenski: sie nahm sich Cicero zum Vorbild. Doch die Kunst, den

Staat zu überwältigen und zu verteidigen, hat sich im Lauf der Jahrhunderte so gewandelt, wie sich das Wesen des Staates geändert hat. Wenn einige Polizeimaßnahmen genügten, um den Aufstandsplan Catilinas zu vereiteln, konnten die gleichen Maßnahmen Lenin gegenüber zu nichts mehr dienen. Kerenskis Irrtum war es gewesen, daß er die schwachen Stellen einer modernen Stadt, ihre Banken, ihre Bahnhöfe, ihre Telephon- und Telegraphenzentralen, ihre Druckereien, mit den gleichen Methoden verteidigen wollte wie Cicero das alte Rom, dessen verwundbarste Stellen Forum und Suburra waren.

Im März 1920 hatte Kapp übersehen, daß es in Berlin außer dem Reichstag und den Ministerien der Wilhelmstraße auch Elektrizitätswerke, Bahnhöfe, Fernmeldeämter und Fabriken gab. Seinen Fehler benutzten die Kommunisten, um das Leben Berlins lahmzulegen und die provisorische Regierung, die sich durch einen Gewaltstreich mit militärpolizeilichen Vorstellungen an die Macht gebracht hatte, zur Kapitulation zu zwingen. In der Nacht zum 2. Dezember hatte Louis Napoleon seinen Staatsstreich mit der Besetzung der Druckereien und Kirchtürme begonnen. Doch in Polen lernt niemand aus seinen eigenen Erfahrungen, erst recht nicht aus den Erfahrungen anderer. Die Geschichte Polens kennt viele Dinge, für deren Erfinder sich die Polen halten, denn sie glauben, daß es für Ereignisse ihres nationalen Lebens keine Beispiele im Leben anderer Völker gebe, daß solches zum erstenmal bei ihnen geschehe und daß nichts Ähnliches je anderswo festzustellen war.

Die Vorbeugungsmaßnahmen der Regierung Witos waren nichts als die üblichen Polizeimaßnahmen. Die Weichselbrücken, die Eisenbahnbrücke und die Brücke nach Praga waren an jedem Kopf nur von vier Soldaten geschützt. Die Elektrizitätszentrale war unbewacht: wir fanden nicht die geringste Spur eines Über-

wachungs- oder Schutzdienstes. Der Direktor erzählte uns, daß vor einigen Stunden der Militärkommandant der Stadt angerufen und ihm erklärt habe, man mache ihn persönlich verantwortlich für jeden Sabotageakt an den Maschinen und für jede Stromunterbrechung. In der Zitadelle, die jenseits des Nalewski-Viertels am Stadtrand Warschaus liegt, wimmelte es von Ulanen und Pferden; wir konnten ein- und ausgehen, ohne daß die Wachen nach unserm Passierschein fragten. Man bedenke, daß sich in der Zitadelle auch ein Waffen- und Munitionslager befand. Am Bahnhof war die Verwirrung unbeschreiblich: Scharen von Flüchtlingen stürmten die Züge, eine lärmende Menge drängte sich auf Bahnsteigen und Schienen, Gruppen betrunkener Soldaten schliefen auf der Erde, tief und fest; „somno vinoque sepulti", bemerkte Hauptmann Rollin. Zehn bewaffnete Männer mit Handgranaten hätten genügt.
Der Sitz des Generalstabs am Hauptplatz Warschaus, im Schatten der heute niedergerissenen russischen Kirche, war durch den üblichen Doppelposten geschützt. Das Kommen und Gehen von Offizieren und Stafetten, von Kopf bis Fuß mit Staub bedeckt, verstopfte die Tür und das Vestibül des Gebäudes. Wir nutzten die Unordnung, stiegen die Treppen empor, durchschritten einen Korridor, durchquerten einen mit Landkarten tapezierten Saal, wo ein Offizier, der in der Ecke vor einem Tisch saß, den Kopf hob und uns mit gelangweilter Miene grüßte. Wir gingen durch einen andern Korridor und betraten eine Art Vorzimmer, in dem einige von Staub graue Offiziere stehend neben der offenen Tür warteten, und stiegen wieder hinunter ins Vestibül. Als wir, auf den Platz hinausgehend, an den beiden Wachen vorüberkamen, sah mich Hauptmann Rollin an und lächelte. Das Postgebäude war durch eine Wache geschützt, die ein Leutnant befehligte. Er erklärte uns, er habe Auftrag, im Fall eines Tumults der Menge den Zutritt zum Post-

gebäude zu verwehren. Ich sagte ihm, daß es einer Wache in so schöner Ordnung am Eingang des Gebäudes sicherlich ohne Mühe gelingen würde, eine aufrührerische Menge zurückzuwerfen, nicht aber den Handstreich von zehn entschlossenen Männern zu verhindern. Der Leutnant lächelte, zeigte auf das ruhig ein- und ausgehende Publikum, und antwortete, daß diese zehn einzelnen Männer vielleicht schon eingesickert wären oder dies gerade vor unsern Augen täten: „Ich bin hier, um einen Aufruhr zu unterdrücken", schloß er, „nicht, um einen Handstreich zu verhindern."

Vor den Ministerien standen Gruppen von Soldaten und betrachteten neugierig das Kommen und Gehen des Publikums und der Beamten. Der Reichstag war von Gendarmen und berittenen Ulanen umgeben; Deputierte gingen ein und aus und sprachen miteinander in aller Ruhe. In der Vorhalle stießen wir gerade auf den Sejmpräsidenten, den korpulenten, sorgenvoll dreinsehenden Trompczinski, der uns zerstreut grüßte. Um ihn herum eine kleine Gruppe kühler und aufmerksamer Abgeordneter aus Posen. Trompczinski, ein Mann der Rechten und Posener, stand der Politik Pilsudskis ganz offen feindlich gegenüber, man sprach in diesen Tagen viel von seinen heimlichen Umtrieben, um die Regierung Witos zu stürzen. Am selben Abend sagte der Reichstagspräsident im Jagdklub zu dem englischen Legationssekretär Cavendish Bentink: „Pilsudski versteht nicht, Polen zu verteidigen, und Witos versteht nicht, die Republik zu verteidigen." Für Trompczinski war die Republik der Reichstag. Wie alle dicken Menschen, fühlte sich Trompczinski nicht genügend beschützt.

Wir durchstreiften die Stadt den ganzen Tag über in allen Richtungen, bis an den äußersten Stadtrand. Als wir gegen zehn Uhr abends am Savoyhotel vorüberkamen, hörte Hauptmann Rollin seinen Namen rufen.

Vom Eingang des Hotels her machte General Bulach Balachowitsch uns Zeichen, einzutreten. Als Partisan Pilsudskis, nicht als Parteigänger, sondern als Partisan in dem Sinne, den man dem Wort in Rußland und Polen gibt, kommandierte der russische General Balachowitsch die berühmten Banden der schwarzen Kosaken, die für Polen gegen die roten Kosaken Budjonnis kämpften.
General mit dem Kopf eines Banditen, mit allen Listen des Partisanenkrieges vertraut, kühn und skrupellos, war Bulach Balachowitsch ein Trumpf im Spiel Pilsudskis, der sich seiner und des Hetmans Petljura bediente, um in Weißrußland und in der Ukraine die Revolte gegen die Bolschewisten und gegen Denikin in Gang zu halten. Er hatte sein Hauptquartier im Savoyhotel aufgeschlagen, wo man ihn von Zeit zu Zeit flüchtig auftauchen sah, um zwischen zwei Scharmützeln die politische Situation zu orten. Eine Krise der Regierung Witos wäre für ihn nicht ohne Folgen gewesen, zu seinem Vorteil oder seinem Nachteil. Mehr als die Bewegungen der Kosaken Budjonnis behielt er die inneren Ereignisse im Auge. Die Polen mißtrauten ihm, und selbst Pilsudski bediente sich seiner wie eines gefährlichen Verbündeten mit größter Vorsicht.
Balachowitsch begann sofort, von der Lage zu sprechen, ohne zu verbergen, daß in seinen Augen nur ein Staatsstreich der Rechtsparteien Warschau vor dem Feind und Polen vor dem Untergang retten könne. „Witos ist unfähig, mit den Ereignissen fertig zu werden", schloß er, „und der Armee Pilsudskis den Rücken freizuhalten. Wenn sich nicht jemand entschließt, die Macht an sich zu reißen, um die Unordnung beenden zu können, den zivilen Widerstand zu organisieren und die Republik gegen die Gefahren zu schützen, die sie bedrohen, dann haben wir in ein oder zwei Tagen einen Staatsstreich der Kommunisten." Hauptmann Rollin meinte, es sei zu spät, einem Versuch der Kommunisten zuvorkom-

men, die Rechtsparteien hätten keine Männer, die fähig wären, eine so schwere Verantwortung zu übernehmen. Unter den Umständen, in denen Polen sich befand, hielt Balachowitsch die Verantwortung eines Staatsstreichs nicht für so schwer wie Rollin glaube, da es sich darum handele, die Republik zu retten. Die Schwierigkeiten des Unternehmens seien nicht so groß, daß nicht jeder Dummkopf sich in den Besitz der Macht setzen könnte. „Aber", fügte er hinzu, „Haller ist an der Front, Sapieha hat keine ernstlichen Freunde und Trompczinski fürchtet sich." Hier bemerkte ich, daß die Linksparteien ebenfalls keine Männer auf der Höhe der Situation haben dürften: was hinderte also die Kommunisten, einen Staatsstreich zu versuchen? „Sie haben recht", stimmte Balachowitsch zu, „an ihrer Stelle hätte ich nicht so lange gewartet. Wenn ich nicht Russe wäre, nicht Fremder in diesem Lande, das mir Gastfreundschaft gewährt und für das ich kämpfe, hätte ich den Schlag bereits geführt." Rollin lächelte. „Wenn Sie Pole wären, hätten Sie zweimal nichts getan. Solange es nicht zu spät ist, ist es in Polen immer zu früh."

Aber Balachowitsch war tatsächlich der Mann, der fähig war, Witos in einigen Stunden zu stürzen. Tausend seiner Kosaken hätten genügt, die Nervenzentren der Stadt überraschend zu besetzen und für eine gewisse Zeit die Ordnung wiederherzustellen. Aber dann? Balachowitsch und seine Leute waren Russen und dazu noch Kosaken. Der Schlag wäre gelungen, ohne auf ernste Schwierigkeiten zu stoßen: die Schwierigkeiten wären danach eingetreten und unüberwindlich gewesen. Einmal im Besitze der Macht, hätte Balachowitsch sie, ohne zu zögern, an die Männer der Rechten abgetreten; aber kein polnischer Patriot hätte die Macht aus den Händen eines Kosaken entgegengenommen. Nur die Kommunisten hätten die so geschaffene Situation

benutzt. „Eigentlich“, schloß Balachowitsch, „wäre das eine gute Lektion für die Rechtsparteien.“
Im Jagdklub trafen wir an diesem Abend neben Sapieha und Trompczinski einige der bekanntesten Vertreter der Opposition des Adels und der Großgrundbesitzer gegen die Politik Pilsudskis und Witos'. Von ausländischen Diplomaten waren nur der deutsche Gesandte Oberndorff, der englische General Carton de Wiart und der Sekretär der französischen Botschaft anwesend. Alle wirkten ruhig, außer Fürst Sapieha und Graf Oberndorff. Sapieha tat, als höre er nicht, was um ihn herum gesprochen wurde, und wandte sich mehrmals mit einigen Worten an General Carton de Wiart, der mit Graf Potocki die militärische Lage erörterte. Die bolschewistischen Truppen hatten im Verlaufe des Tages im Abschnitt Radzymin, einem etwa zwanzig Kilometer von Warschau gelegenen Dorf, bedeutende Fortschritte gemacht.
„Wir werden uns bis zum Ende schlagen“, sagte Graf Potocki.
„Sie wollen sagen, bis morgen“, antwortete lächelnd der englische General.
Graf Potocki war erst vor einigen Tagen aus Paris gekommen, aber schon plante er, möglichst schnell dorthin zurückzukehren, sobald sich das Glück zugunsten Polens wenden werde. „Sie alle“, bemerkte Carton de Wiart, „sind wie Ihr berühmter Dombrowski, der zur Zeit Napoleons die polnischen Legionen in Italien kommandierte: Ich bin immer bereit für mein Land zu sterben, sagte Dombrowski, aber nicht, dort zu leben.“
Das waren die Menschen, das waren die Gespräche. Von ferne hörte man den Donner der Geschütze. Ehe Tommasini uns am Morgen verließ, hatte er uns gebeten, ihn am Abend im Jagdklub zu erwarten. Es war schon spät; ich war im Begriff zu gehen, als der Gesandte eintrat. Unsere Feststellungen über die Unvorsichtigkeit der Re-

gierung Witos überraschten ihn nicht, obgleich sie ihm schwerwiegend erschienen. Witos selbst hatte ihm einige Stunden vorher gestanden, daß er sich nicht Herr der Situation fühle. Auch Tommasini war davon überzeugt, daß es unter den Gegnern Pilsudskis und Witos' keinen Mann gäbe, der zu einem Staatsstreich fähig war. Nur die Kommunisten konnten Bedenken erwecken. Aber die Furcht, die Situation durch Unklugheit zu kompromittieren, hielt sie davon ab, ein zwar nicht sehr gefährliches, doch überflüssiges Abenteuer zu wagen. Es war klar, daß sie die Partie für gewonnen hielten und ruhig auf Trotzki warteten. „Auch Monsignor Ratti", sagte der Gesandte zu Capitaine Rollin, „hat beschlossen, nicht von der Haltung abzuweichen, die wir bisher gemeinsam eingenommen haben. Der Apostolische Nuntius und ich werden bis zuletzt in Warschau bleiben, was auch geschehen mag."

„Wie schade", spottete Hauptmann Rollin etwas später, „wie schade, daß nichts geschehen wird!"

Am Abend danach verließ das diplomatische Korps auf die Nachricht hin, daß die bolschewistische Armee sich des Dorfes Radzymin bemächtigt hatte und den Brükkenkopf von Warschau angriff, in Hast und Eile die Hauptstadt, auf der Flucht nach Posen. In Warschau blieben nur der Nuntius des Papstes, der Gesandte Italiens und die Geschäftsträger der Vereinigten Staaten und Dänemarks.

Die Nacht hindurch lag die Stadt in Furcht und Schrekken. Am nächsten Tag, am 15. August, dem Tag der heiligen Maria, zog das ganze Volk in Prozession hinter der Statue der Jungfrau und flehte zu ihr, Polen vor der Invasion zu retten. Doch als alles bereits verloren schien, indem die Riesenprozession, ihre Litaneien psalmodierend, jeden Augenblick erwartete, an der nächsten Straßenecke eine Patrouille roter Kosaken zu erblicken, verbreitete sich wie der Blitz die Nachricht von den

ersten Siegen des Generals Weygand. Die Armee Trotzkis zog sich auf der ganzen Linie zurück.
Trotzki hatte ein unerläßlicher Verbündeter gefehlt: Catilina.

MARS GEGEN MARX: DER KAPP-PUTSCH

„Wir hatten mit der Revolution in Polen gerechnet, und die Revolution ist nicht gekommen“, erklärte Lenin im Herbst 1920 Klara Zetkin. Was könnte, in den Augen derer, die wie Sir Horace Rumbold glauben, daß die Auflösung der Ordnung die unerläßlichste aller Vorbedingungen für einen Staatsstreich ist, die polnischen Catilinarier entschuldigen? Waren Trotzkis Armee an den Toren Warschaus, die extreme Schwäche der Regierung Witos, die gärende Unruhe im Volk nicht genügend günstige Vorbedingungen für einen Revolutionsversuch? „Jeder Schwachkopf“, sagte Balachowitsch, „könnte die Macht an sich reißen.“ Nicht nur Polen, sondern ganz Europa war 1920 voll solcher Schwachköpfe. Wie war es möglich, daß trotz dieser Vorbedingungen in Warschau kein einziger Versuch eines Staatsstreichs unternommen wurde, auch nicht von kommunistischer Seite?

Der einzige, der sich keine Illusionen über die Möglichkeit einer Revolution in Polen machte, war Radek. Lenin selbst hat es Klara Zetkin gestanden. Radek, der die Unzulänglichkeit der polnischen Catilinarier kannte, behauptete, daß in Polen die Revolution künstlich, von außen her, erzeugt werden müsse. Radek machte sich bekanntlich auch über die Catilinarier der andern Länder keine Illusionen. Die Chronik der Ereignisse des Sommers 1920 in Polen beleuchtet nicht nur die Unzulänglichkeit der polnischen Catilinarier, sondern der Catilinarier ganz Europas.

Wer die europäische Lage von 1919 und 1920 unvoreingenommen betrachtet, muß sich fragen, welches Wunder Europa eine so schwere revolutionäre Krise überwinden half. In fast allen Ländern zeigte sich das liberale Bürgertum unfähig, den Staat zu verteidigen.

Seine Methode der Verteidigung bestand und besteht immer noch einfach in der Anwendung jener Polizeimethoden, auf die sich zu allen Zeiten, bis heute, die absoluten und liberalen Regierungen verlassen haben. Nur wurde die Unfähigkeit des Bürgertums, den Staat zu verteidigen, durch die Unfähigkeit der revolutionären Parteien ausgeglichen, der antiquierten Verteidigungsmethode der Regierungen eine moderne Angriffstaktik, den Polizeimaßnahmen eine revolutionäre Technik entgegenzusetzen.

Mit Staunen entdeckt man, daß 1919 und 1920, während der ernstesten Periode der revolutionären Krise in Europa, weder die Catilinarier von rechts noch die von links verstanden, aus der Erfahrung der bolschewistischen Revolution zu lernen. Ihnen fehlte die Kenntnis der Methode, der modernen Taktik und Technik des Staatsstreichs, für die Trotzki das erste klassische Beispiel gegeben hatte. Die Vorstellung, die sie von der Eroberung der Macht hatten, war eine veraltete Konzeption, die sie zwangsläufig veranlaßte, sich auf das vom Gegner gewählte Terrain zu begeben, Methoden und Instrumente zu benutzen, denen selbst schwache und kurzsichtige Regierungen die klassischen Methoden und Instrumente zur Verteidigung des Staates mit Erfolg entgegensetzen können. Auf diesem obligaten Gelände ist die Defensive sehr viel bequemer als die Offensive.

Europa war reif für die Revolution, aber die revolutionären Parteien zeigten, daß sie weder die günstigen Umstände noch die Erfahrungen Trotzkis zu verwerten verstanden. Der Erfolg des bolschewistischen Aufstandes von 1917 war in ihren Augen nur durch die außergewöhnlichen Verhältnisse in Rußland und durch die Fehler Kerenskis bedingt gewesen. Sie bemerkten nicht, daß in fast allen Ländern Europas Kerenski an der Macht war; sie verstanden nicht, daß Trotzki in Anlage und Ausführung seines Staatsstreichs nicht die geringste

Rücksicht auf die außergewöhnlichen Verhältnisse Rußlands genommen hatte. Das Neue an Trotzkis Aufstandstaktik war die völlige Außerachtlassung der Gesamtsituation des Landes. Anlage und Ausführung des bolschewistischen Staatsstreichs wurden lediglich durch die Fehler Kerenskis beeinflußt. Selbst bei anderer Lage Rußlands wäre Trotzkis Taktik die gleiche gewesen.
Die Irrtümer Kerenskis waren damals – und sind noch heute – ein Merkmal der gesamten liberalen Bourgeoisie Europas. Die Schwäche der Regierungen war äußerst gefährlich, die Frage ihrer Existenz war eine Frage der Polizei. Aber die liberalen Regierungen hatten das Glück, daß auch die Catilinarier die Revolution als Polizeiproblem ansahen.

Für diese Unfähigkeit der Catilinarier, sich nicht um die allgemeine Situation des Landes zu kümmern, also die revolutionäre Taktik nicht als politisches, sondern als technisches Problem zu konzipieren, ist der Staatsstreich Kapps ein besonders lehrreiches Beispiel.
In der Nacht vom 12. zum 13. März 1920 sandten einige der aus dem Baltikum zurückgeführten Truppenteile, die in der Nähe von Berlin unter dem Befehl des Generals von Lüttwitz stationiert waren, ein Ultimatum an die Regierung Bauer und drohten, die Hauptstadt zu besetzen, wenn die Regierung nicht die Macht an Kapp übergäbe. Obgleich Kapp sich Hoffnung auf einen parlamentarischen Staatsstreich machte, bekam sein Umsturzversuch von Anfang an das klassische Gesicht eines nach rein militärischen Kriterien geplanten und ausgeführten Gewaltstreichs. Die Regierung Bauer wies die Aufforderung der Rebellen zurück und veranlaßte die erforderlichen Polizeimaßnahmen zum Schutz des Staates und zur Aufrechterhaltung der öffentlichen Ordnung. Wie stets in solchen Fällen, stellte die Regierung einer militärischen Konzeption eine poli-

zeiliche entgegen; beide sind eng verwandt, und eben dies nimmt den von Militärs ersonnenen und ausgeführten Staatsstreichen jeden revolutionären Charakter. Die Polizei verteidigt den Staat, als wäre er eine Stadt; das Militär greift den Staat an, als wäre er eine Festung.

Die von Bauer getroffenen Polizeimaßnahmen bestanden darin, die Plätze und Hauptstraßen zu verbarrikadieren und die öffentlichen Gebäude zu besetzen. Für Lüttwitz bestand der Staatsstreich darin, die an großen Straßenkreuzungen und wichtigen Plätzen, vor dem Reichstag und vor den Ministerien der Wilhelmstraße postierten Polizei-Einheiten durch eigene Truppen zu ersetzen. Einige Stunden nach seinem Einmarsch in die Stadt war Lüttwitz Herr der Situation. Die Inbesitznahme der Stadt hatte sich ohne Blutvergießen vollzogen, mit der Regelmäßigkeit einer Wachablösung. Aber war Lüttwitz Soldat, so war Kapp, der ehemalige Generallandschaftsdirektor, ein hoher Beamter, ein Bürokrat. Glaubte Lüttwitz, mit der einfachen Tatsache, daß er die Polizei durch eigene Soldaten im öffentlichen Ordnungsdienst ersetzt hatte, sich des Staates bemächtigt zu haben, so war der neue Kanzler Kapp überzeugt, daß die Besetzung der Ministerien genügte, um den normalen Gang der Staatsmaschine zu gewährleisten und damit die Legalität der Umsturzregierung zu bestätigen.

Bauer, durchaus ein Durchschnittsmensch, aber von gesundem Menschenverstand, kannte die Generale und hohen Beamten des Reichs genau und hatte von Anfang an begriffen, daß es zwecklos und gefährlich wäre, dem Gewaltstreich des Generals Lüttwitz mit den Waffen entgegenzutreten. Die Besetzung Berlins durch die Baltikumstruppen war nicht zu verhindern. Gegen kriegsgewohnte Soldaten kann sich Polizei nicht schlagen. Sie ist eine wertvolle Waffe bei Verschwörungen und Meutereien; aber kampferprobten Soldaten gegenüber taugt sie nicht. Beim Erscheinen der Stahlhelme hatte sich das Polizeidetachement, das den Zugang zur Wilhemstraße abriegelte, den Rebellen ergeben. Selbst Noske, ein energischer Mann, Anhänger des Widerstands bis zum Äußersten, hatte sich bei der Nachricht vom ersten Abfall entschlossen, der Haltung Bauers und der andern Minister zu folgen. Der schwache Punkt der revolutionären Regierung, dachte Bauer mit Recht, ist die Staatsmaschine. Wem es gelingt, die Maschine anzuhalten oder einfach ihren Gang zu stören, der würde die Regierung Kapp ins Herz treffen. Um das Leben des Staates zu stören, mußte eine Lähmung des gesamten öffentlichen Lebens herbeigeführt werden.

Die Haltung Bauers war die eines in der Schule von Marx erzogenen Kleinbürgers. Nur ein Bürger der Mittelschicht, ein Mann der Ordnung, von sozialistischen Ideen durchdrungen, gewöhnt daran, Menschen und Tatsachen, auch die seiner eigenen Mentalität, seiner eigenen Erziehung und seinen eigenen Interessen fernliegenden, mit der Objektivität und der Skepsis eines Staatsbeamten zu beurteilen, konnte den kühnen Plan entwerfen, das öffentliche Leben von Grund auf gewaltsam umzustoßen, um Kapp daran zu hindern, sich der bestehenden Ordnung zu bedienen und damit seine Macht zu festigen.

Ehe die Regierung Bauer Berlin verließ und nach Dresden flüchtete, hatte sie einen Appell an das Proletariat erlassen und die Arbeiter aufgefordert, in den Generalstreik zu treten. Dieser Entschluß Bauers schuf für Kapp eine gefährliche Situation. Ein Gegenangriff durch die der legalen Regierung Bauer treu gebliebenen Kräfte wäre für Kapp viel weniger gefährlich gewesen als ein Generalstreik, denn die Truppen des Generals Lüttwitz wären mit jedem Gewaltstreich leicht fertig geworden. Aber wie sollte man eine ungeheure Arbeitermasse zwingen, die Arbeit wieder aufzunehmen? Nicht durch

Waffen, das war gewiß. Schon am Abend des 13. März war Kapp, der sich mittags Herr der Lage glaubte, Gefangener eines unvorhergesehenen Feindes. In einigen Stunden wurde das Leben Berlins gelähmt. Der Streik breitete sich über ganz Preußen aus. Die Hauptstadt war in Dunkelheit gehüllt; die Straßen des Zentrums waren verödet; in den Arbeitervierteln herrschte vollkommene Ruhe. Die öffentlichen Dienste waren stillgelegt; sogar die Krankenhäuser waren ohne Personal. Der Eisenbahnverkehr zwischen Preußen und dem übrigen Deutschland war seit dem frühen Nachmittag unterbrochen; in wenigen Tagen würde Berlin ohne Nahrungsmittel sein. Seitens der Arbeiterschaft erfolgte nicht eine Gewalttat, nicht eine Regung des Aufruhrs. Die Arbeiter hatten die Fabriken in größter Ruhe verlassen. Die Aufhebung der Ordnung war vollständig.

In der Nacht vom 13. zum 14. März schien Berlin in tiefen Schlaf versunken. Nur im Hotel Adlon, dem Sitz der Alliierten Missionen, blieb alles bis zum Morgen auf den Beinen, in Erwartung ernster Ereignisse. Der Morgen fand die Hauptstadt ohne Brot, ohne Wasser, ohne Zeitungen; aber ruhig. In den Wohnvierteln waren die Märkte leer; die Unterbrechung des Eisenbahnverkehrs hatte die Versorgung mit Lebensmitteln abgeschnitten. Der Streik breitete sich auf alle öffentlichen und privaten Arbeitsstätten aus. Die Angestellten der Post-, Telephon- und Telegraphenämter erschienen nicht zum Dienst. Banken, Läden und Cafés blieben geschlossen. Auch in den Ministerien weigerten sich viele Beamte, die revolutionäre Regierung anzuerkennen. Bauer hatte diese Seuche vorausgesehen. Machtlos, den passiven Widerstand der Arbeiter zu bekämpfen, wandte sich Kapp an die ihm ergebenen Techniker und Beamten, um zu versuchen, das Räderwerk des öffentlichen Dienstes wenigstens teilweise wieder in Bewegung zu setzen; aber es

war zu spät. Die Lähmung hatte auch die Behördenmaschinerie ergriffen.
Die Arbeiterbevölkerung der Vorstädte zeigte nicht mehr die Ruhe des ersten Tages: Zeichen von Ungeduld, Unruhe und Aufruhr begannen sich fast überall zu zeigen. Die aus den süddeutschen Ländern kommenden Nachrichten stellten Kapp vor die Entscheidung, sich von Deutschland überwältigen zu lassen, das Berlin belagerte, oder sich von Berlin überwältigen zu lassen, das die illegale Regierung gefangen hielt. Sollte er die Macht in die Hände Bauers zurücklegen oder sie an die Arbeiterräte übergeben, die schon Herr der Arbeiterviertel waren? Sein Staatsstreich hatte Kapp nur den Reichstag und die Ministerien in die Hand gegeben. Die Lage verschlimmerte sich von Stunde zu Stunde: sie gewährte der revolutionären Regierung weder die Mittel noch die Gelegenheit zu einem politischen Spiel. Mit den Linksparteien in Verbindung zu treten, ja, sogar mit den Rechtsparteien, erwies sich als unmöglich. Ein Gewaltakt hätte unübersehbare Folgen gehabt. Einige Versuche der Truppen von General Lüttwitz, die Arbeiter zur Wiederaufnahme der Arbeit zu zwingen, hatten nur zu nutzlosem Blutvergießen geführt; man sah auf dem Asphalt die ersten Toten: verhängnisvoller Irrtum einer Revolutionsregierung, die es unterlassen hatte, Elektrizitätswerke und Eisenbahnen zu besetzen.
Dieses erste Blut fraß sich wie unaustilgbarer Rost in die Räder des Staates. Die Verhaftung einiger hoher Beamter des Auswärtigen Amtes am Abend des dritten Tages zeigte, wie stark bereits die Bürokratie durch Disziplinlosigkeit zersetzt war. Am 15. März erklärte Bauer in Stuttgart, wohin die Nationalversammlung einberufen war, als er Reichspräsident Ebert über die blutigen Zwischenfälle in Berlin berichtete: „Der Rechenfehler Kapps besteht darin, daß er die Störung der Ordnung gestört hat."

Der Herr der Lage war Bauer, der Durchschnittsmensch Bauer, der Mann der Ordnung, der als einziger begriffen hatte, daß die entscheidende Waffe, um den Putschversuch Kapps zu bekämpfen, die Auflösung der Ordnung war. Ein vom Prinzip der Autorität durchdrungener Konservativer, ein die Legalität achtender Liberaler, ein der parlamentarischen Auffassung des politischen Kampfes verbundener Demokrat hätte nie gewagt, zum illegalen Eingreifen der proletarischen Massen aufzurufen und die Verteidigung des Staates einem Generalstreik anzuvertrauen.
Machiavellis „Fürst" hätte es unzweifelhaft gewagt, das Volk zu Hilfe zu rufen, um eine Palastverschwörung oder einen plötzlichen Angriff zu unterdrücken. Machiavellis Fürst war sicherlich konservativer als ein Tory der Zeit der Königin Viktoria, obwohl für den Staat kein Raum war in seinen moralischen Vorstellungen und in seiner politischen Erziehung. Seine Kenntnisse leiteten sich von den Beispielen her, an denen die Geschichte überreich ist, von den asiatischen und griechischen Tyranneien und den Signorien der italienischen Renaissance. Doch in der Tradition der konservativen oder liberalen Regierungen des modernen Europas schließt der Begriff Staat jede Verwendung der illegalen Aktion proletarischer Massen aus, welche Gefahr auch immer zu bannen sein mag. Später fragte man sich in Deutschland, welche Haltung Stresemann eingenommen hätte, wenn er sich in Bauers Lage befunden hätte. Es besteht kein Zweifel, daß Stresemann den Aufruf Bauers an die Berliner Arbeiterschaft für ein „sehr unkorrektes Verfahren" gehalten hätte.
Hier muß man bedenken, daß Bauers marxistische Erziehung ihn logischerweise bei der Wahl der Mittel, um einen revolutionären Versuch zu bekämpfen, keine Bedenken haben ließ. Die Idee des Generalstreiks als legale Waffe der demokratischen Regierungen, um den

Staat gegen einen militärischen oder kommunistischen Anschlag zu verteidigen, konnte einem in der Schule von Marx erzogenen Mann nicht fremd sein. Bauer ist der erste gewesen, der ein marxistisches Grundprinzip bei der Verteidigung eines bürgerlichen Staates anwandte. Sein Beispiel hat große Bedeutung in der Geschichte der Revolutionen unserer Zeit.

Als Kapp am 17. März erklärte, daß er die Macht niederlege, weil „die außerordentlich ernste Lage, in der sich Deutschland befindet, die Einigung aller Parteien und aller Bürger verlangt, um der Gefahr einer kommunistischen Revolution vorzubeugen", wich das Vertrauen, das das deutsche Volk in diesen fünf Tagen illegaler Regierung zu Bauer gehabt hatte, der Unruhe und der Furcht. Die sozialdemokratische Partei hatte die Kontrolle über den Generalstreik verloren, die wirklichen Herren der Situation waren jetzt die Kommunisten. In einigen Stadtteilen Berlins hatte man die rote Republik ausgerufen. Arbeiterräte bildeten sich fast überall in Deutschland. In Sachsen und an der Ruhr war der Generalstreik nur der Auftakt zum Aufruhr gewesen. Die Reichswehr traf auf ein regelrechtes kommunistisches Heer, das mit Maschinengewehren und Geschützen ausgerüstet war. Was würde Bauer nun tun? Der Generalstreik hatte Kapp gestürzt, im Bürgerkrieg mußte Bauer unterliegen.

Vor der Notwendigkeit, einen Aufruhr der Arbeiter mit Gewalt zu unterdrücken, wurde Bauers marxistische Erziehung zu seiner Schwäche. „Der Aufstand ist eine Kunst", behauptete Karl Marx. Aber es handelt sich um die Kunst, die Macht zu gewinnen und nicht, sie zu verteidigen. Das Ziel der revolutionären Strategie bei Marx ist die Eroberung des Staates; sein Instrument ist der Klassenkampf. Um an der Macht zu bleiben, hat Lenin einige Grundsätze des Marxismus umstoßen müssen. Das meinte Sinowiew, als er schrieb: „Der wahre

Marx ist jetzt unmöglich ohne Lenin." In Bauers Händen war der Generalstreik die Waffe, das Reich gegen Kapp zu verteidigen; um das Reich gegen den proletarischen Aufstand zu verteidigen, war die Reichswehr notwendig. Die Truppen des Generals Lüttwitz, die dem Generalstreik machtlos gegenüberstanden, hätten die kommunistische Revolte ohne weiteres niederschlagen können: aber Kapp hatte die Macht gerade in dem Augenblick niedergelegt, in dem ihm das Proletariat die Gelegenheit bot, den Kampf auf seinem eigenen Boden erfolgreich durchzuführen. Bei einem Reaktionär wie Kapp ist ein solcher Fehler unbegreiflich und unverzeihlich. Bei einem Marxisten wie Bauer ist Blindheit gegenüber der Tatsache, daß die Reichswehr in diesem Moment die einzig wirksame Waffe gegen den proletarischen Aufstand war, in jeder Hinsicht erklärlich und verständlich. Nach vergeblichen Versuchen, mit den Führern der kommunistischen Revolte zu einer Verständigung zu kommen, übergab Bauer die Macht an Müller. Ein trauriges Ende für einen so furchtlos aufrechten Durchschnittsmenschen.

Das liberale und das catilinarische Europa hatten von Lenin und von Bauer noch viel zu lernen.

BONAPARTE
DER ERSTE MODERNE STAATSSTREICH

Was wäre am 18. Brumaire geschehen, wenn Bonaparte sich einem Mann wie Bauer gegenübergesehen hätte? Diese Gegenüberstellung Bonapartes und des ehrenhaften deutschen Reichskanzlers eröffnet weite Ausblicke. Bauer hat sicherlich nichts von einem Helden Plutarchs. Er ist ein guter Deutscher der Mittelschicht, bei dem die marxistische Erziehung jede Vorliebe für das Sentimentale erstickt hat. Die Kraftquellen seiner Mediokrität sind unerschöpflich. Welch trauriges Schicksal für einen Mann von so ordentlichen Eigenschaften, auf Kapp getroffen zu sein, einen gewöhnlichen glücklosen Helden! Bauer ist der Rivale, den Bonaparte verdient hätte, der Mann, der am 18. Brumaire notwendig gewesen wäre, um dem Sieger von Arcole zu trotzen. Bonaparte hätte endlich einen seiner würdigen Gegner gefunden.

Aber Bauer, könnte man sagen, ist ein moderner Mensch, ein Deutscher der Zeit von Versailles und Weimar, ein Europäer unserer Epoche, und Bonaparte ist ein Europäer des 18. Jahrhunderts, ein Franzose, der 1789 zwanzig Jahre alt war: wie soll man sich vorstellen, was Bauer am 18. Brumaire getan hätte, um den Staatsstreich zu verhindern? Bonaparte war nicht Kapp, und die Situation im Paris des Jahres 1799 war völlig anders als in Berlin im Jahre 1920. Bauer hätte gegen Bonaparte nicht die Taktik des Generalstreiks anwenden können.

In der sozialen und technischen Organisation jener Epoche fehlten die Vorbedingungen, die unerläßlich sind, damit der Streik einen Staatsstreich verhindern kann. Von allem andern abgesehen, ist jedoch die Frage, welches die Taktik Bauers am 18. Brumaire gewesen wäre und welche Beziehung sich zwischen Bonaparte und dem Kanzler des Deutschen Reichs herstellen läßt, viel interessanter, als man meinen sollte.

Bonaparte ist nicht nur ein Franzose des 18. Jahrhunderts, er ist vor allem ein moderner Mensch, viel moderner als Kapp. Die Beziehung, die zwischen seiner Geistesart und der Bauers besteht, ist die Beziehung zwischen der Auffassung von Legalität eines Primo de Rivera oder eines Pilsudski – also jedes modernen Generals, der gewillt ist, die Macht an sich zu reißen – und der Auffassung von Legalität, wie sie jeder kleinbürgerliche Minister unserer Epoche hat, der bereit ist, den Staat mit allen Mitteln zu verteidigen. Damit eine derartige Beziehung nicht willkürlich erscheine, muß man in Betracht ziehen, daß der Gegensatz zwischen der klassischen und der modernen Auffassung von der Kunst, die Macht zu ergreifen, sich zum erstenmal bei Bonaparte zeigt, und daß der 18. Brumaire der erste Staatsstreich ist, in dem sich die Probleme der modernen revolutionären Taktik zeigen. Die Irrtümer, der Eigensinn, die Unschlüssigkeit Bonapartes sind die eines Mannes des 18. Jahrhunderts, der gezwungen ist, neue und heikle Probleme zu lösen, die sich in dieser Form zum erstenmal und unter so außergewöhnlichen Umständen ergeben, Probleme, die mit der komplexen Natur des modernen Staates gegeben sind. Sein schwerster Irrtum war es, den Plan des 18. Brumaire auf der Achtung der Legalität und auf dem Mechanismus des parlamentarischen Verfahrens aufzubauen, und dieser Irrtum enthüllt bei Bonaparte eine so feine Witterung für die heutigen Staatsprobleme, eine so einsichtige Besorgnis gegenüber den Gefahren der Vielfalt und der Gebrechlichkeit der Beziehungen zwischen Staat und Bürger, daß sie ihn zu einem absolut modernen Menschen, zu einem Europäer unserer Zeit stempeln. Trotz der Irrtümer in Plan und Ausführung bleibt der 18. Brumaire das Vorbild eines parlamentarischen Staatsstreichs.

Seine aktuelle Bedeutung für uns besteht darin, daß heute in Europa kein parlamentarischer Staatsstreich ohne die gleichen Fehler in Anlage und Ausführung stattfinden kann. Das ergibt seine innere Beziehung zu Bauer, zu Primo de Rivera und Pilsudski.

In den Ebenen der Lombardei bereitete sich Bonaparte vor, die Macht zu erobern, indem er die klassischen Beispiele Sullas, Catilinas und Caesars studierte. Erlauchte, aber unbrauchbare Beispiele. Die Verschwörung Catilinas konnte für Bonaparte kein besonderes Interesse haben. Im Grunde ist Catilina ein mißglückter Held, ein politischer Hasardeur mit zu vielen Skrupeln und ohne Wagemut. Welch hervorragender Polizeipräsident dagegen ist Cicero! Mit welcher Geschicklichkeit vermochte er Catilina und seine Komplicen ins Netz zu lokken! Mit welch gewaltsamem Zynismus hatte er gegen die Verschwörer das betrieben, was man heute eine Pressekampagne nennt! Wie hatte er verstanden, alle Irrtümer des Gegners, alle Spitzfindigkeiten des Verfahrens, alle Hinterlisten, Feigheiten, Ambitionen, alle niedrigen Instinkte der Aristokraten und der Plebejer auszunutzen! Bonaparte bezeigte damals gern für Polizeimethoden große Verachtung: dieser arme Catilina war in seinen Augen ein unvorsichtiger Aufrührer, ein willenloser Starrkopf, voll guter Vorsätze und bösen Absichten, ein ewiger Revolutionär, unentschlossen über Zeit, Ort und Mittel, unfähig, im richtigen Moment auf die Straße zu gehen, ein Kommunard, der sich zwischen Verschwörung und Barrikade nicht entscheiden kann, der kostbare Zeit damit verliert, das *Quousque tandem* Ciceros anzuhören und die Wahlkampagne gegen den *Nationalen Block* zu organisieren, kurz: ein verleumdeter Hamlet, Opfer der Intrigen eines berühmten Advokaten und der Schlingen der Polizei. Doch dieser Cicero, welch überflüssiger und notwendiger Mann! Über ihn ließe sich sagen, was Voltaire von den Jesuiten gesagt hat: „Damit die Jesuiten nützlich sind, muß man sie hindern, notwendig zu sein.“ Doch wenn auch Bonaparte Polizeimethoden verachtet, wenn ihm auch der Gedanke eines von der Polizei organisierten Handstreichs vorerst ebenso widerstrebt wie die Idee einer brutalen Kasernenrevolte, die Geschicklichkeit Ciceros beschäftigt ihn. Vielleicht könnte ein ähnlicher Mann ihm einmal nützlich sein: wer weiß? Der Gott des Glückes hat zwei Gesichter, wie Janus: er hat das Gesicht Ciceros und das Gesicht Catilinas.

Bonaparte, wie alle, die durch Gewalt die Macht erobern oder sich dazu rüsten, fürchtet, in den Augen der Franzosen als eine Art Catilina zu erscheinen, als ein Mann, dem alle Mittel recht sind, um seine Umsturzpläne durchzusetzen, als die schwarze Seele einer düsteren Verschwörung, als ein hemmungslos Machtgieriger, zu allen Exzessen fähig, als ein Verbrecher, der bereit ist zu Plünderung, Massaker und Brandstiftung und entschlossen, um jeden Preis zu siegen oder sich mit seinen Feinden unter den Trümmern des Vaterlandes zu begraben. Er weiß sehr gut, daß die Gestalt Catilinas nicht so ist, wie Legende und Verleumdung sie geschaffen haben, er weiß sehr gut, daß die Catilinarischen Reden Ciceros unbegründet sind, daß der Prozeß gegen Catilina juristisch ein Verbrechen ist, daß dieser Verbrecher, dieser düstere Anstifter von Verschwörungen, in Wirklichkeit nur ein schlechter Politiker war, ungeschickt in seinen Manövern, unentschlossen und starrköpfig, dessen sich die Polizei mittels einiger Spione und Lockspitzel mühelos entledigen konnte. Bonaparte weiß wohl, daß Catilinas größtes Unrecht darin besteht, daß er das Spiel verlor, weil er alle Welt wissen ließ, daß er insgeheim einen Staatsstreich vorbereitete, ohne daß es ihm gelang, das Unternehmen zu Ende zu führen. Wenn er wenigstens den Mut gehabt hätte, den Schlag zu versuchen! Man kann nicht sagen, daß es ihm an Gelegenheiten gefehlt hätte: die innere Lage war so, daß die Regierung machtlos gewesen wäre, einen Revolutionsversuch niederzuschlagen. Es lag nicht nur an Cicero, wenn einige Reden und Polizeimaßnahmen genügten, um die Republik aus so schwerer Gefahr zu retten. Im Grunde ist Catilina so gut wie nur denkbar geendet, wenn er als Patrizier mit großem Namen und als der tapfere Soldat, der er war, auf dem Schlachtfeld fiel. Aber Bonaparte hat nicht unrecht, wenn er denkt, daß es nicht notwendig war, soviel Lärm zu machen, sich so bloßzustellen und soviel Unheil zu stiften, um dann im geeigneten Augenblick in die Berge zu fliehen und dort einen Tod zu finden, der eines Römers würdig war. Catilina hätte seiner Meinung nach besser enden können.

Die Unternehmungen Sullas und Caesars boten Bonaparte mehr Stoff, über sein eigenes Schicksal nachzudenken: sie waren seinem und auch dem Geist der Zeit am nächsten. Die Vorstellungen, die ihn bei Vorbereitung und Ausführung des Staatsstreichs vom 18. Brumaire leiten sollten, waren noch nicht reif in ihm. Die Kunst, die Macht zu erobern, schien ihm noch eine ihrem Wesen nach militärische Kunst zu sein: Strategie und Taktik des Krieges, auf den politischen Kampf angewandt, die Kunst, seine Heere auf dem Gelände rechtsstaatlicher Zielsetzungen zu bewegen.

In ihrem strategischen Plan zur Eroberung Roms erweist sich nicht das politische Genie Sullas und Caesars, sondern ihr militärisches. Die Schwierigkeiten, die sie zu überwinden haben, um sich Roms zu bemächtigen, sind ausschließlich militärischer Art. Sie haben Armeen zu bekämpfen, nicht Versammlungen. Es ist ein Irrtum, die Landung in Brindisi und den Übergang über den Rubicon als Einleitungsakte zu einem Staatsstreich zu betrachten: es sind Akte strategischen, nicht politischen

Charakters. Ob Sulla oder Caesar, Hannibal oder Belisar: das Ziel ihrer Heere ist die Eroberung einer Stadt, ist ein strategisches Ziel. Ihr Verhalten ist das Verhalten großer Feldherren, für die die Kriegskunst keine Geheimnisse hat. Bei Sulla und bei Caesar ist klar, daß ihr militärisches Genie größer ist als das politische. Man wird feststellen können, daß sie bei ihren Feldzügen, mögen diese mit der Landung in Brindisi oder mit dem Überschreiten des Rubicon beginnen, nicht nur einen strategischen Plan verfolgen: hinter jeder Bewegung ihrer Legionen steht ein politischer Hintergedanke. Aber die Kriegskunst ist eine Kunst, die immer voll von Hintergedanken und Nebenabsichten ist. Jeder Feldherr, Turenne, Karl XII. oder Foch, ist Instrument der Staatspolitik: die Strategie folgt den politischen Interessen des Staates. Der Krieg hat immer politische Ziele: er ist nur ein Aspekt der Staatspolitik. Die Geschichte bietet kein Beispiel eines Feldherrn, der Krieg um des Krieges willen geführt hätte, als l'art pour l'art. Es gibt keinen großen und keinen kleinen Feldherrn, der sich aus Liebhaberei mit dem Krieg beschäftigt, auch nicht unter den Söldnerführern. Das Wort des Giovanni Acuto, eines englischen Condottiere im Dienste der Republik Florenz: „Krieg führt man, um zu leben, nicht um zu sterben", ist weder die Losung eines Dilettanten noch die Devise eines Söldners. Es enthält die einzige Rechtfertigung des Krieges und seine Moral. Es könnte die Devise Caesars, Friedrichs, Nelsons oder Bonapartes sein.

Natürlich hatten Sulla und Caesar ein politisches Ziel, als sie ihre Armeen zur Eroberung Roms ansetzten. Aber man muß Caesar geben, was Caesars ist, und Sulla, was Sullas ist. Sie haben keinen Staatsstreich unternommen. Eine Palastrevolution hat weit mehr Verwandtschaft mit einem Staatsstreich als die berühmten Feldzüge, mit denen sich die beiden großen Feldherren der Republik

bemächtigt haben. Sulla hat ein Jahr gebraucht, um sich mit den Waffen den Weg von Brundisium nach Rom zu bahnen, das heißt, um den in Brundisium begonnenen Umsturzversuch zu Ende zu führen. Das ist zu lange Zeit für einen Staatsstreich. Aber die Kriegskunst hat ihre Regeln und ihre Ausnahmen; ihnen und nur ihnen folgte Sulla. Die Regeln und Ausnahmen der Politik begannen Sulla und Caesar erst nach ihrem Einzug in Rom zu befolgen, und mehr die Ausnahmen als die Regeln, wie es in Art und Charakter von Feldherren liegt, wenn sie es unternehmen, eroberten Städten neue Gesetze und eine neue Ordnung zu geben.
In den Ebenen der Lombardei muß Bonaparte während dieses Jahres 1797, das für jeden skrupellosen und mehr kühnen als ehrgeizigen General so reich an Möglichkeiten war, begonnen haben einzusehen, daß Sullas und Caesars Beispiel für ihn verderblich sein könnte. Im Grunde erschien ihm zwischen dem Fehler Hoches, der sich unklugerweise bereit gefunden hatte, im Dienst des Direktoriums einen Staatsstreich zu versuchen, und dem Beispiel Sullas und Caesars der Fehler Hoches weniger gefährlich. In seiner Proklamation vom 14. Juli an die Soldaten Italiens kündigte Bonaparte dem Klub von Clichy an, daß die Armee bereit sei, die Alpen zu überschreiten und auf Paris zu marschieren, um die Verfassung und die Freiheit zu verteidigen, die Regierung und die Republikaner zu schützen. Aus diesen Worten klingt eher die Sorge, sich nicht von der Ungeduld Hoches zuvorkommen zu lassen, als das geheime Fieber, es Caesar gleichzutun. Die Freundschaft des Direktoriums zu bewahren, ohne sich zu offen auf dessen Seite zu stellen, das war das Problem des Jahres 1797. Zwei Jahre später, am Vorabend des 18. Brumaire, ist es das Problem, die Freundschaft des Direktoriums zu wahren, aber sich nicht zu offen in die Reihe seiner Feinde zu stellen.
Schon seit 1797 beginnt er sich mehr und mehr zu über-

zeugen, daß zwar das Instrument des Staatsstreichs die Armee sein muß, aber als ein Instrument, das formell den Gesetzen gehorcht: was sie tut, muß stets den Anschein der Legalität wahren. Es ist diese Sorge um die Legalität, die bei Bonaparte eine Auffassung vom Saatsstreich erkennen läßt, die sich von den klassischen, erhabenen aber gefährlichen Beispielen entfernt.

Von den zahlreichen Hauptbeteiligten des 18. Brumaire ist Bonaparte derjenige, der am wenigsten an seinem Platz ist. Seit seiner Rückkehr aus Ägypten ist er ruhelos in Bewegung, setzt sich der Bewunderung, dem Haß, dem Argwohn und der Lächerlichkeit aus und kompromittiert sich nur unnützerweise. Seine Dummheiten fangen an, Siéyès und Talleyrand zu beunruhigen. Was will Bonaparte? Soll er die andern handeln lassen. Siéyès und Lucien Bonaparte kümmern sich um alles, bereiten alles vor: die Sache ist bis in die geringsten Einzelheiten geregelt. Siéyès, empfindlich und pedantisch, ist der Meinung, daß man einen Staatsstreich nicht in einem Tage improvisieren kann: die Gefahr, der man ausweichen muß, ist Bonapartes Ungeduld, und seine Neigung zur Rhetorik, fügt Talleyrand hinzu. Es handelt sich weder um Caesar noch um Cromwell, sondern einfach um Napoleon. Will man, daß die Formen der Legalität gewahrt werden, will man, daß sich der Staatsstreich weder wie eine Revolte der Kaserne noch wie eine polizeilich organisierte Verschwörung darstellt, sondern als parlamentarische Revolution, die unter Mitwirkung der Alten und der Fünfhundert in einem vielfältig verschlungenen Verfahren abläuft, so darf Bonaparte nicht auf gewissen Verhaltensweisen bestehen. Ein siegreicher General, der sich vorbereitet, die Macht zu ergreifen, darf weder Applaus sammeln noch mit Intrigen Zeit verlieren. Siéyès hat an alles gedacht, hat alles organisiert: sogar reiten hat er gelernt, für den Fall eines Triumphes oder der Flucht. Inzwischen ist

Lucien Bonaparte zum Präsidenten des Rats der Fünfhundert gewählt worden. Er schlägt die Ernennung von vier Inspektoren für den Sitzungssaal des Rates vor, deren Bereitschaft er sich versichert hat. Bei einer parlamentarischen Revolution haben sogar Türhüter große Bedeutung. Die Saalinspektoren des Rates der Alten hat Siéyès in Händen. Um die Einberufung des Rates außerhalb von Paris, in Saint-Cloud, zu rechtfertigen, bedarf es eines Vorwands: ein Komplott, eine Verschwörung der Jakobiner, eine öffentliche Gefahr. Der umsichtige Siéyès setzt die Polizeimaschine in Bewegung, und der Vorwand wird geschaffen: die Polizei zettelt die bedrohliche jakobinische Verschwörung an, die die Republik öffentlich in Gefahr bringt: in Saint-Cloud werden die Räte sich unbehelligt versammeln können. Alles entspricht dem zurechtgelegten Plan.
Bonaparte hat sich den andern angepaßt: sein Benehmen ist zurückhaltender, seine Diplomatie weniger naiv, sein Optimismus vorsichtiger. Nach und nach hat er sich überzeugt, daß er der Deus ex machina der ganzen Intrige geworden ist; diese Überzeugung genügt, gibt ihm die absolute Gewißheit, daß alles gehen wird, wie er es will. Doch es sind die andern, die ihn durch die Intrigen hindurchführen; Siéyès hält ihn in dem Labyrinth an der Hand. Bonaparte ist noch ein Soldat, nichts als Soldat; sein politisches Genie wird sich erst nach dem 18. Brumaire zeigen. Alle diese großen Feldherren, Sulla, Cäsar oder Bonaparte, sind während der Vorbereitung und Ausführung ihres Staatsstreichs nur Militärs: je mehr sie sich zwingen, in der Legalität zu bleiben, loyale Achtung vor der „res publica" zur Schau zu tragen, um so illegaler sind ihre Handlungen, um so mehr enthüllt sich ihre tiefe Verachtung der „öffentlichen Dinge". Sooft sie vom Pferd steigen, um sich auf politisches Gelände zu begeben, vergessen sie, die Sporen abzulegen. Lucien Bonaparte, der seinen Bruder

beobachtet, seine Gesten überwacht, seine geheimsten Gedanken belauert, mit einem Lächeln, in dem schon der Vorgeschmack des Zerwürfnisses liegt, Lucien, der unentbehrlichste und gefährlichste Mittäter, fühlt sich künftig seines Bruders sicherer als seiner selbst. Alles ist bereit. Wer könnte den Lauf der Ereignisse umlenken, welche Macht sich dem Staatsstreich entgegenstellen?

Der Plan Bonapartes stützt sich auf einen grundsätzlichen Irrtum: die Einhaltung der Legalität. Siéyès hatte sich anfangs nicht damit einverstanden gezeigt, die Aktion in den Grenzen der Legalität zu halten: man müßte Spielraum lassen für unvorhergesehene Zwischenfälle, in denen die revolutionäre Gewalt leichtes Spiel hat. Starr vorgezeichnete Wege sind immer gefährlich. Diesem Theoretiker der Konstitution erscheint ein legaler Staatsstreich lächerlich. Aber Bonaparte ist unerschütterlich: der Wahrung der Legalität opfert er sogar die Vorsicht. Als in der Nacht vom 17. zum 18. Brumaire Siéyès ihm meldet, daß die Vorstädte unruhig sind und dies ein guter Vorwand wäre, zwanzig Deputierte zu verhaften, weigert sich Bonaparte, eine illegale Handlung zu begehen. Er will einen parlamentarischen Umsturz: er will sich ohne Gesetzwidrigkeit und ohne Gewalt in den Besitz der zivilen Macht bringen. Als ihm Fouché seine Dienste anbietet, antwortet er ihm, daß er die Polizei nicht brauche. Sancta simplicitas. Ihm genügt sein Prestige und der Ruhm seines Namens.

Aber auf dem Boden der Legalität um jeden Preis weiß dieser General, dieser Mann des Krieges, den Mund voller rhetorischer Parolen, sich nicht zu bewegen. Kaum befindet er sich am Morgen des 18. Brumaire vor dem Rat der Alten, da vergißt er seine Rolle, die Rolle des Siegers in vielen Schlachten, den man ruft, sein Schwert in den Dienst der Vertreter der Nation zu stellen. Er vergißt, daß er sich den Augen der Alten nicht als neuer

Caesar zu präsentieren hat, sondern im Gewande des Verteidigers der durch die Verschwörung der Jakobiner bedrohten Verfassung. Er darf nichts anderes sein als ein vom Rat der Alten beauftragter General, der die friedliche Verlegung der Gesetzgebenden Körperschaft nach Saint-Cloud zu sichern hat. Seine Klugheit muß darin bestehen, daß er auftritt, als spiele er eine sekundäre Rolle, in einer parlamentarischen Komödie, deren Hauptdarsteller die Gesetzgebende Köperschaft ist. Die Worte, die er inmitten einer Eskorte gold- und silberverbrämter Offiziere vor dieser Versammlung brillentragender und verschüchterter Kleinbürger spricht, scheinen ihm von einem Gott eingegeben zu sein, der ihm sein Glück neidet. Der ganze Bodensatz der Rhetorik, den die unverdaute Lektüre der Unternehmungen Alexanders und Caesars in ihm zurückgelassen hat, kommt ihm auf die Lippen, bindet ihm die Zunge: „Wir wollen die Republik, die auf die wahre Freiheit gestützt ist, auf die Freiheit der Bürger, auf die Volksvertretung: wir werden sie haben, ich schwöre es!" Die Offiziere, die ihn umgeben, wiederholen im Chor den Schwur. Die Alten betrachten diese Szene, stumm und erschrocken. Jeden Augenblick kann sich in dieser gezähmten Versammlung irgend jemand, irgendein kleiner Mann, gegen Bonaparte erheben, im Namen der Freiheit, der Republik, der Verfassung. Rhetorische Phrasen, große Worte, die inzwischen ohne Inhalt, aber noch immer gefährlich sind. Siéyès hat die Gefahr vorausgesehen: während der Nacht hatten die Saalinspektoren die Ankündigungen der Einberufungsschreiben an die verdächtigen Deputierten verschwinden lassen. Aber Bonaparte muß sich besonders vor den kleinen, den unbedeutenden Männern hüten, denen selbst Siéyès nicht mißtraut. Denn ein Deputierter, Garat, erhebt sich und bittet ums Wort: „Keiner dieser Kriegsmänner ist auf den Artikel der Verfassung verpflichtet." Bonaparte erblaßt, wendet sich wortlos ab. Aber der Präsident greift rechtzeitig ein, unterbricht Garat, die Sitzung wird aufgehoben unter dem allgemeinen Ruf: „Es lebe die Republik!"

Im Verlauf der dann folgenden Parade, vor den im Tuileriengarten aufgestellten Truppen, läßt Bonaparte die Maske fallen. Nach den berühmten Worten, die er mit lauter Stimme Bottot zurief, als er den Saal des Rates der Alten verläßt, klingt seine Rede an die Soldaten wie eine Herausforderung und wie eine Drohung. Jetzt ist er seiner sicher. Aber Fouché drängt, daß die störendsten Deputierten festgenommen werden sollen. Bonaparte weigert sich, diesen Befehl zu geben: es wäre ein unnützer Fehler, jetzt, wo alles sich so gut anläßt. Noch einige Formsachen, und der Schlag ist gelungen. Sein Optimismus zeigt, wie sehr er in diesem gefährlichen Spiel fehl am Platz ist. Am folgenden Tage, am 19. Brumaire, in Saint-Cloud, als selbst Siéyès die begangenen Fehler bemerkt und Angst bekommt, zeigt Bonaparte noch immer einen solchen Optimismus, ein solches Vertrauen in sein Prestige, eine solche Verachtung für die „Advokaten" der Gesetzgebenden Körperschaft, daß Talleyrand nicht weiß, ob er ihn für naiv oder für gewissenlos halten soll.

Als Siéyès seinen auf die Scheinformen der Legalität und der parlamentarischen Prozedur gestützten Plan entwirft, läßt er die Nebenumstände außer acht. Warum wurden nicht beide Räte am 18., sondern am 19. Brumaire nach Saint-Cloud einberufen? Es war ein Fehler, den Gegnern vierundzwanzig Stunden Zeit zu lassen, die Situation zu erfassen und den Widerstand zu organisieren. Weshalb wurden nicht am 19. in Saint-Cloud die Alten und die Fünfhundert sofort am Mittag, sondern erst um zwei Uhr nachmittag wieder versammelt? Während dieser zwei Stunden hatten die Deputierten die Möglichkeit, Eindrücke, Ideen, Pläne auszutauschen und sich über die gemeinsame Aktion gegenüber jedem Versuch der Täuschung oder der Gewalt zu verständigen. Die Fünfhundert erklären sich zu allem bereit: der Anblick der Soldaten, die sie von allen Seiten umgeben, bringt sie auf. Wütend eilen sie durch die Alleen und über die Höfe, fragen einander laut: Warum sind wir nicht in Paris geblieben? Wer hat die Geschichte von der Verschwörung erfunden? Namen! Beweise! Siéyès hat vergessen, Beweise für die jakobinische Verschwörung anzufertigen; er schaut sich um, sieht viele lächeln, viele erbleichen, sieht Bonaparte nervös, unruhig, zornig, er beginnt zu verstehen, daß die Situation unklar ist, daß alles von einem Wort, von einer Geste abhängen kann; ach hätte er auf Fouché gehört. Aber es ist jetzt zu spät, man muß dem Zufall vertrauen: anderes ist nicht möglich. Ist das eine revolutionäre Taktik, so ist sie originell.

Um zwei Uhr tritt der Rat der Alten zusammen. Siéyès' Plan ist von Anfang an gefährdet. Diese sonst so ruhigen Kleinbürger, auf die Siéyès alle seine Hoffnungen setzte, scheinen die Beute heiligen Zorns zu sein; glücklicherweise kann in diesem Tumult keiner das Wort ergreifen. Aber in der Orangerie, wo die Fünfhundert versammelt sind, wird der Präsident, Lucien Bonaparte, mit einem Sturm von Schmähungen, Anschuldigungen und Drohungen empfangen. Alles ist verloren, denkt Siéyès, der erblaßt und sich der Türe nähert. Für den Fall der Flucht wartet auf ihn im Park ein Wagen, der bequemer und sicherer ist als ein Pferd. Bei der Vorbereitung des Staatsstreichs konnte einem so umsichtigen Mann wie ihm dieses Detail nicht entgehen. Und Siéyès ist nicht der einzige, dem unbehaglich zumute ist, in diesen Salons der ersten Etage, wo Bonaparte und seine Komplicen ungeduldig den Ausgang der Abstimmung erwarten. Wenn die Alten dem Dekret über die Auflösung der Räte, der Ernennung von drei provisorischen Konsuln und der Verfassungsreform nicht zustimmen, was wird Bonaparte tun? Was sieht in diesem Falle der von Siéyès bis in die kleinsten Einzelheiten vorbereitete Umsturzplan vor? Siéyès sieht nur die Flucht im Wagen vor.

Bis hierher war das Verhalten Bonapartes, der vor allem darauf bedacht war, die Formen der Legalität zu wahren und auf dem Boden der Parlamentsprozedur zu bleiben, um es mit einem modernen Wort zu sagen, das Verhalten eines Liberalen. Unter diesem Gesichtspunkt ist Bonaparte Begründer einer Schule. Alle Militärs nach ihm, die die zivile Macht zu erobern versuchten, haben sich an diese Regel bis zum letzten Moment gehalten, bis sie Gewalt anwenden mußten. Dem Liberalismus der Militärs muß man immer, besonders heute, mißtrauen.

Als Bonaparte merkt, daß die Opposition der Alten und der Fünfhundert den Plan Siéyès zunichte macht, entschließt er sich, die Opposition des Parlaments durch seine persönliche Gegenwart zu bändigen. Noch immer handelt es sich um eine Form von Liberalismus (um Liberalismus der Generale natürlich), um eine Art liberale Gewalt. Beim Erscheinen Bonapartes beruhigt sich der Tumult im Saal der Alten. Doch wieder läßt die Rhetorik diesen Caesar, diesen Cromwell im Stich. Seine Rede, zuerst mit achtungsvollem Schweigen aufgenommen, erregt nach und nach murmelnde Mißbilligung. Bei den Worten: „Si je suis un perfide, soyez tous des Brutus", hört man am Ende des Saales Gelächter. Der Redner stottert, unterbricht sich, beginnt wieder mit schriller Stimme: „Souvenez-vous que je marche accompagné du dieu de la guerre et du dieu de la fortune!" Die Deputierten springen auf, scharen sich um die Tribüne, alles lacht. „General, Sie wissen nicht mehr, was Sie sagen", flüstert ihm der getreue Bourienne ins Ohr und packt ihn am Arm. Bonaparte folgt ihm und verläßt den Saal. Als er einige Augenblicke später von vier Grenadieren und einigen Offizieren begleitet, die Orangerie betritt, empfangen ihn die Fünfhundert mit wütendem Aufschrei: „Hors la loi! A bas le tyran!“, stürzen ihm entgegen, beschimpfen ihn, schlagen ihn. Die vier Grenadiere drängen sich dazwischen, ihn vor Schlägen zu schützen, die Offiziere versuchen, ihn dem Tumult zu entziehen, bis Gardanne ihn hochstemmt, und es ihm gelingt, ihn hinauszutragen. Es bleibt nur die Flucht, denkt Siéyès: oder die Gewalt, sagt Bonaparte zu den Seinen. Im Saal der Fünfhundert wird über das Ächtungsdekret abgestimmt. In einigen Minuten wird dieser Caesar, dieser Cromwell, „außer Gesetz“ sein. Das Ende. Bonaparte steigt aufs Pferd und zeigt sich den Truppen. „Zu den Waffen!“ ruft er. Die Soldaten jubeln ihm zu, aber sie rühren sich nicht. Es ist die typische Szene dieser beiden berühmten Tage. Kalkweiß im Gesicht, bebend vor Zorn, blickt Bonaparte um sich: der Held von Arcole vermag kein Bataillon in Bewegung zu setzen. Wäre in diesem Moment nicht Lucien hinzugekommen, war alles verloren. Lucien ist es, der die Soldaten aufrüttelt, die Situation rettet, Murat, der den Säbel zieht, trommeln läßt, die Grenadiere gegen die Fünfhundert führt.

„Général Bonaparte, cela n'est pas correct“, wird später Montron sagen und sich der Blässe dieses Caesar, dieses Cromwell erinnern. Montron, den Roederer einen Talleyrand zu Pferde nannte, wird für sein ganzes Leben die Überzeugung bewahren, daß dieser Held Plutarchs in Saint-Cloud einen Moment der Furcht gekannt hat, und daß der obskurste Mann Frankreichs, einer der „Advokaten“ der Gesetzgebenden Körperschaft, irgendein Jedermann, während dieser beiden berühmten Tage gefahrlos mit einer einzigen Geste, einem einzigen Wort, das Schicksal Bonapartes auslöschen und die Republik hätte retten können.

„Niemals ist ein schlecht entworfener Staatsstreich", schrieb ein Geschichtsschreiber, „schlechter ausgeführt worden." Auf die Einhaltung der Legalität und der parlamentarischen Prozedur gegründet, wäre der Plan des 18. Brumaire zweifellos gescheitert, wenn die Alten und die Fünfhundert verstanden hätten, die Fehler Siéyès' auszunutzen. Eine Angriffstaktik, die sich auf die Langsamkeit der parlamentarischen Prozedur stützt, kann nur zum Mißerfolg führen. Hätten die Räte mit ihrer Drohung des Ächtungsdekretes Bonaparte nicht vor die Notwendigkeit gestellt, ein Ende zu machen, den Boden der Legalität zu verlassen und Gewalt anzuwenden, so wäre der Staatsstreich im parlamentarischen Verfahren steckengeblieben. Die Verteidigungstaktik der Räte mußte darin bestehen, Zeit zu gewinnen und die Dinge in die Länge zu ziehen. Am Nachmittag des 19. Brumaire in Saint-Cloud hatte Siéyès schließlich seinen Irrtum begriffen: die Zeit arbeitete für die Gesetzgebende Körperschaft. Auf welchem Gelände bewegte sich Bonaparte? Auf dem Gelände der parlamentarisechn Prozedur. Was war die Stärke der Gesetzgebenden Körperschaft? Dieses Verfahren. Was ist die Stärke des parlamentarischen Verfahrens? Die Langsamkeit. Noch zwei Stunden, und die Sitzungen der Räte wären auf den nächsten Tag verschoben worden. Der Staatsstreich, der schon vierundzwanzig Stunden dauerte, hätte einen neuen Aufschub erlitten. Am nächsten Tag, am 20. Brumaire, wäre bei der Wiedereröffnung der Sitzungen der Gesetzgebenden Körperschaft Bonapartes Lage eine ganz andere gewesen.

Siéyès war sich darüber vollkommen im klaren. In seinem Umsturzplan waren die Räte die Werkzeuge des Staatsstreichs. Bonaparte konnte sie nicht übergehen: sie waren für ihn notwendig. Man mußte also schnell handeln, eine Vertagung der Sitzungen verhindern, die Gefahr eines offenen Kampfes zwischen der Gesetzgebenden Körperschaft und Bonaparte, zwischen der Verfassung und dem Staatsstreich beschwören; aber mit welchen Mitteln? Siéyès' Plan und Bonapartes logische Überlegungen schlossen die Gewalt aus. Aber man mußte zu einem Ende kommen. Folglich mußte man überreden, in die Ratssäle gehen, zu den Deputierten sprechen und versuchen, auf gütliche Weise der Parlamentsprozedur nachzustellen. Der Ursprung von Bonapartes merkwürdigem Verhalten ist das, was wir seinen Liberalismus nannten.

Zum Glück für ihn bewirkt sein Verhalten den nicht wiedergutzumachender Fehler der Räte: die Gewalttaten gegen seine Person, den förmlichen Antrag, ihn zu ächten. Die Alten und die Fünfhundert haben nicht begriffen, daß das Geheimnis ihrer Stärke gegenüber Bonaparte darin liegt, die Dinge in die Länge zu ziehen, sich auf keine Provokation einzulassen, auf die Schwerfälligkeit der Prozedur zu vertrauen. Bei allen Staatsstreichen ist die Taktik der Catilinarier darauf gerichtet Schluß zu machen, die der Staatsverteidiger, Zeit zu gewinnen. Der Fehler der Räte stellte Bonaparte vor die Wahl: Flucht oder Gewalt. Die „Advokaten" der Gesetzgebenden Körperschaft haben ihm, ohne es zu wollen, eine Lektion in revolutionärer Taktik erteilt.

EIN HÖFLING UND EIN SOZIALISTISCHER GENERAL: PRIMO DE RIVERA UND PILSUDSKI

Das Beispiel Bonapartes, der sich der Armee als eines legalen Instruments bedient, um auf dem Gelände der parlamentarischen Prozedur das Problem der Eroberung des Staates zu lösen, ist noch immer von großer Suggestivkraft auf alle, die wie Kapp, Primo de Rivera und Pilsudski, danach trachten, Gewaltanwendung und Legalität miteinander zu versöhnen und mit den Waffen einen parlamentarischen Umsturz durchzuführen. Die Taktik des 18. Brumaire ist nicht die Taktik des Militärputsches. Ihr Kennzeichen ist vielmehr das Bemühen, in der Legalität zu bleiben, und das ist das Neue, das Bonaparte in die Taktik des Staatsstreichs gebracht hat. Diese schon ganz moderne Bemühung zeigt sich dann auch in den Unternehmungen von Kapp, Primo de Rivera und Pilsudski. Dies macht den 18. Brumaire aktuell, und es macht die bonapartistische Taktik zu einer der unmittelbarsten Bedrohungen parlamentarischer Staaten. Worin besteht die Selbsttäuschung Kapps? Darin, daß er glaubt, der Siéyès des Generals Lüttwitz zu sein, und daß er einen parlamentarischen Staatsstreich durchführen möchte. Woran denkt Ludendorff 1923, als er sich mit Hitler und Kahr verbündet, um auf Berlin zu marschieren? An den 18. Brumaire. Was ist sein strategisches Ziel? Das gleiche wie das Ziel Kapps: der Reichstag, die Weimarer Verfassung. Und das gleiche Ziel haben Primo de Rivera und Pilsudski: die Cortes, den Sejm. Und sogar Lenin war anfangs, im Sommer 1917, beinahe in die Spur der bonapartistischen Taktik geraten. Unter den Gründen, die das Scheitern des Aufstandsversuchs im Juli 1917 erklären, ist der triftigste, daß das Zentralkomitee der bolschewistischen Partei, selbst Lenin, nach dem ersten

Kongreß der Sowjets gegen den Aufstand waren. Sie hatten nur ein parlamentarisches Ziel: die Majorität in den Sowjets zu erobern. Bis zum Vorabend des Staatsstreichs vom Oktober ist Lenin, der nach den Julitagen nach Finnland geflohen war, lediglich bemüht, sich der Majorität im zweiten Kongreß der Sowjets zu versichern, der im Oktober zusammentreten soll. Als mäßiger Taktiker will er von der Seite des Parlaments her den Rücken frei haben, ehe er das Signal zum Aufstand gibt. „Wie Danton und Cromwell", bemerkt Lunatscharski, „ist Lenin ein Opportunist von Genie."

Die Grundregel der bonapartistischen Taktik ist Opportunismus. Was diese Regel von der Taktik der Catilinarier der Linken unterscheidet, ist die Heranziehung des Parlaments als des geeignetsten Geländes, auf dem Gewaltanwendung mit Achtung der Legalität verbunden werden kann. Und das ist das Kennzeichen des 18. Brumaire. Kapp, Primo de Rivera, Pilsudski und sogar Hitler sind, wie alle Catilinarier der Rechten, Männer der Ordnung, Konservative oder Reaktionäre, die sich vornehmen, die Macht zu erringen, um Prestige, Kraft und Autorität des Staates erhöhen, und die sich bemühen, ihre Umsturzpläne dadurch zu rechtfertigen, daß sie sich nicht als Feinde, sondern als Diener des Staates ausgeben. Am meisten fürchten sie, für „gesetzlos" erklärt zu werden. Das Beispiel Bonapartes, der erschrickt, als man ihm meldet, daß er außer Gesetz erklärt werden soll, gehört zu der Umsturztradition, deren Fortsetzer sie sind. Sie wollen den Staat über das Parlament erobern. Nur die Legislative, die das Spiel von Kompromiß und Mitschuld so sehr erleichtert, kann ihnen helfen, die vollzogene Tatsache in die bestehende Ordnung einzufügen, da sie ihnen die Möglichkeit gibt, die revolutionäre Gewalt auf die verfassungsmäßige Legalität aufzupfropfen.

Das Parlament ist der unfreiwillige, notwendige Komplice und gleichzeitig das erste Opfer des bonapartistischen Staatsstreichs. Entweder erkennt das Parlament die vollzogene Tatsache an und legalisiert sie formgerecht, indem es den Staatsstreich in einen Ministerwechsel umwandelt, oder die Catilinarier lösen das Parlament auf und beauftragen eine neue Versammlung, die revolutionäre Gewalt zu einer gesetzmäßigen zu machen. Das Parlament aber, das darauf eingeht, den Staatsstreich zu legalisieren, beschließt sein eigenes Ende. Es gibt in der Geschichte der Revolutionen kein Beispiel einer Volksvertretung, die nicht das erste Opfer der von ihr legalisierten revolutionären Gewalt gewesen wäre. Die Vermehrung des Prestiges, der Macht und der Autorität des Staates kann sich bonapartistische Logik nur als Reform der Verfassung und als Einschränkung der öffentlichen Freiheit und der Prärogativen des Parlaments vorstellen. Die Freiheit: das ist der Feind.

Die bonapartistische Taktik ist darauf angewiesen, um jeden Preis auf dem Boden der Legalität zu bleiben. Sie faßt die Anwendung von Gewalt nur für solche Fälle ins Auge, in denen sie sich auf diesem Boden halten oder auf ihn zurückkehren will, wenn man sie gezwungen hatte, sich von der Legalität zu entfernen. Was tut Bonaparte, der legalitäre Bonaparte des 18. Brumaire, als er erfährt, daß die Fünfhundert ihn außer Gesetz erklären? Er greift zur Gewalt, läßt seine Soldaten die Orangerie räumen, er verjagt und zerstreut die Vertreter der Nation. Einige Stunden später aber beeilt sich Lucien Bonaparte, Präsident des Rates der Fünfhundert, ein paar Dutzend Deputierte wieder einzufangen, versammelt den Rat von neuem und sorgt dafür, daß diese Ruine eines Parlaments den Staatsstreich legalisiert. Die Taktik des 18. Brumaire läßt sich nur auf parlamentrischem Terrain anwenden. Ein Parlament ist die unerläßliche Vorbedingung für den bonapartistischen Staatsstreich; in einer absoluten Monarchie sind nur Palastverschwörungen und Militärputsche vorstellbar.

Hierzu ist zu bemerken, daß es nicht möglich ist, einen Zusammenhang zwischen dem bonapartistischen Staatsstreich und der Militärrevolte herzustellen. Merkmal dieser letzteren ist die absolute Mißachtung der Legalität. Das Grundprinzip dagegen, das die bonapartistische Taktik leitet, ist die Notwendigkeit, Gewalt und Legalität miteinander zu versöhnen. Bonpartistische Taktik ist nicht nur ein Ausspielen der Gewalt, sie ist vor allem Augenmaß und Geschicklichkeit. Ihre Merkmale sind nicht die eines Volksaufstandes, bei dem die instinktive blinde Gewalt der Massen überwiegt, noch auch die einer Militärrevolte, bei der zur Brutalität der Methoden gröbstes Unverständnis für die Bedeutung der politischen und moralischen Faktoren und tiefste Verachtung der Legalität hinzukommen, sondern die Merkmale einer Exerzierübung, ja einer Schachpartie, wobei jeder Ausführende seine präzise Aufgabe und seinen vorgeschriebenen Platz hat, und die leitende Idee rein politisch ist, beherrscht von der sorgfältigen, ständigen Bemühung, jeden Ausführenden zur Figur in einem parlamentarischen Spiel zu machen, nicht in einem Kriegsspiel oder auf dem Kasernenhof.
Was den bonapartistischen Staatsstreich von jedem anderen unterscheidet, ist, daß die Politiker dabei, dem Anschein nach, eine weit weniger bedeutende Rolle haben als die Ausführenden. Anders gesagt, seine Anlage scheint weniger wichtig als seine Ausführung. Die Hauptrolle, die sichtbarste Rolle, haben die Ausführenden selbst darzustellen. Das schmeichelt der Eigenliebe der Militärs und erklärt, warum der bonapartistische Staatsstreich ihrer Mentalität am meisten liegt und ihren Ehrgeiz am meisten stachelt. Ein General wird niemals

einen Mussolini oder Trotzki verstehen können, nicht einmal einen Cromwell, obwohl dieser ihm eher ein großer Feldherr als ein großer Politiker zu sein scheint, und nie wird er diese nachahmen wollen; aber er wird Kapp, Primo de Rivera, Pilsudski verstehen, oder selbst Bonaparte, und wird meinen, es diesen bei Gelegenheit gleichtun zu können.

Das Beispiel Kapp, Primo de Rivera und Pilsudski ist für das liberale und demokratische Europa ein sehr ernstes Problem. Es hat von allen Gefahren der heutigen Situation Europas diejenige wieder in den Vordergrund geschoben, die als die eigentliche Gefahr des vorigen Jahrhunderts gegolten hatte und die seit dem Entstehen der großen parlamentarischen Demokratien für immer aus dem modernen politischen Leben ausgeschaltet schien: die Gefahr der Generäle. Es scheint jedoch nicht, daß das liberale und demokratische Europa sich über die Größe der Gefahr der Generale klar ist. Der gescheiterte General Boulanger ist der Hauptverantwortliche für den Optimismus, der in den Parlamenten herrscht. Die Regierungen glauben nicht, daß auf modernem parlamentarischem Gelände die Taktik des 18. Brumaire anwendbar ist; sie sehen in Primo de Rivera und in Pilsudski nichts als die Hauptaktuere einer Militärrevolte, die Nutznießer einer speziellen Situation wie in Spanien und Polen, wo es keine wirkliche parlamentarische Demokratie gibt. Sie glauben, daß das Parlament der beste Schutz des Staates vor einem bonapartistischen Versuch ist, daß die Freiheit durch Ausübung der Freiheit und durch die Verwendung von Polizei verteidigt wird. Das dachten auch die Abgeordneten der Cortes und des Sejm am Vorabend der Staatsstreiche Primo de Riveras und Pilsudskis.

Der Irrtum der parlamentarischen Demokratien ist ihr übermäßiges Vertrauen zu den Errungenschaften der Freiheit, während im heutigen Europa nichts gebrechlicher ist. Dieser Irrtum entsteht aus der Geringschätzung der Generäle und aus der Vorstellung, daß es in einer wirklichen Demokratie keine Gefahr eines 18. Brumaire gibt, da der Erfolg der Versuche in Spanien und Polen ausschließlich auf einem Zusammentreffen von Umständen beruht, die in Frankreich oder in England, den am meisten parlamentarisierten und polizeigeschützten Staaten Europas, nie eintreten können. Von den Generälen sind die gefährlichsten gerade die schlechten Generäle, und eben diesen muß man mißtrauen. Primo de Rivera und Pilsudski sind zweiten Ranges; der Ruf ihrer militärischen und politischen Begabung braucht nicht erst noch untergraben zu werden. Auch im übrigen Europa gibt es viele Generale dieser Art.

Was die Aktualität des 18. Brumaire und die günstigen Umstände betrifft, die den Erfolg der beiden berühmtesten Bonapartisten unserer Tage begünstigten, ist zuzugeben, daß sie zweifellos weit größere Schwierigkeiten zu überwinden gehabt hätten, wenn es sich, statt um Cortes und Sejm, um das Unterhaus oder das Palais Bourbon gehandelt hätte. Daß ihre Gewaltstreiche Erfolg hatten, beruht aber nicht darauf, daß es im Spanien von 1923 und im Polen von 1926 keine parlamentarische Demokratie gab, die in der Lage war, die öffentlichen Freiheiten zu verteidigen: sondern darauf, daß von den Umständen, die Primo de Rivera und Pilsudski halfen, sich des Staates zu bemächtigen, der wichtigste ist, daß das eigentlich förderliche Terrain der bonapartischen Taktik das parlamentarische Terrain ist. Eine der Gefahren, denen der moderne Staat ausgesetzt ist, ist die Verwundbarkeit der Parlamente: aller Parlamente, selbst des Unterhauses.

Unter den Helden, deren exemplarisches Leben Plutarch uns schildert, sind Edelleute ziemlich selten. Das ist wohl der Grund, weshalb Primo de Rivera, Edelmann und General, nicht die Statur eines Helden Plutarchs hat.

An dem unglücklichen Abenteuer dieses Diktators ist nichts trauriger als seine loyale Gesinnung und sein guter Wille. Man wirft ihm zu Unrecht vor, daß er nur eine mäßige Intelligenz in den Dienst seines Landes zu stellen hatte. Viel eher müßte man ihm vorwerfen, daß er seine seelische Noblesse in den Dienst des Königs stellte. Diktatoren müssen, ganz wie Metternich, gegen konstitutionelle Monarchen mißtrauisch sein.
Die Mitschuld des Königs ist der interessanteste, vielleicht der einzige interessante Aspekt der spanischen Diktatur. Ohne die verfassungswidrige Mittäterschaft Alfons' XIII. hätte Primo de Rivera nicht die Macht an sich reißen, die Cortes auflösen, die öffentlichen Freiheiten unterdrücken und außerhalb der Verfassung oder gegen die Verfassung regieren können. Der Deus ex machina des Staatsstreichs, der für die Diktatur wirklich Verantwortliche, war der König. Man hat gesagt, Primo de Rivera sei der „Bonaparte wider Willen" dieser Parodie des 18. Brumaire gewesen; aber in dieser Tragikomödie des Staatsstreichs und der Diktatur „im Namen des Königs" hat Primo de Rivera nur die Rolle eines „Mussolini wider Willen" im Dienste der persönlichen Politik eines gegen die Verfassung regierenden Königs gespielt. In einer konstitutionellen Monarchie ist kein Platz für einen Diktator, es gibt nur Höflinge, die sich dazu hergeben können, einen Staatsstreich zu machen. Die gemeinsame Schuld des Königs und Primo de Riveras war weniger der Kompromiß zwischen Verfassung und Diktatur als der anfechtbare Pakt zwischen einem Höfling und seinem König. Primo de Rivera war kein Diktator, er war nur ein Höfling. Diese gemeinsame Schuld, deren Einsatz die verfassungsmäßigen Garantien, die Rechte des Parlaments, die öffentlichen Freiheiten waren, konnte nur in einem Verrat enden. Es ist die mediokre Geschichte eines Königs, der die Mittäterschaft an einem Unternehmen, für das er vor der Ver-

fassung und vor dem Volke allein verantwortlich ist, mit Verrat belohnt.
Die Lehre, die den Ereignissen in Spanien zu entnehmen ist, spricht nicht für Diktaturen „auf Befehl des Königs“. Um die Haltung Alfons' XIII. seinem Komplicen gegenüber zu rechtfertigen und um die Entstehung der Republik zu erklären, hat man gesagt, Primo de Rivera habe Spanien, statt es zu einem auf „absolute Demokratie“ gegründeten Staat zu machen, nur eine Diktatur gegeben. Soll man annehmen, daß Primo de Rivera seinem König nicht gut gedient hat? War das Ziel seiner Diktatur etwa nicht, die Rechte des Parlaments und die garantierten Freiheiten abzuschaffen und einen Staat auf der Basis einer „absoluten Demokratie“ einzurichten? Der Fortgang der Ereignisse hat bewiesen, daß Primo de Rivera als guter Diener der Krone lediglich dem Willen des Königs gehorchte. Man darf ihm diese Logik der Diktatur, die ein konstitutioneller König nie außer acht lassen dürfte, nicht zum Vorwurf machen. Aus dieser Logik ist das republikanische Spanien geboren worden.

Unter den Staatsstreichen, die an den 18. Brumaire erinnern, ist der Staatsstreich Pilsudskis vom Mai 1926 vielleicht der interessanteste. Pilsudski, den Lloyd George 1920 einen sozialistischen Bonaparte nannte (Lloyd George hat niemals Sympathien für sozialistische Generäle gehabt), hat gezeigt, daß er Karl Marx in den Dienst der bürgerlichen Diktatur zu stellen verstand. Dann das Neue an Pilsudskis Staatsstreich ist, daß die Arbeitermassen sich an ihm beteiligten. Die Ausführenden seiner Aufstandstaktik sind allerdings nicht die Arbeiter, sondern die Soldaten der meuternden Regimenter. Die Soldaten besetzten die Brücken, die Elektrizitätswerke, die Zitadelle, die Kasernen, die Proviant- und Munitionslager, die Straßenkreuzungen, die Bahnhöfe, die Telefonämter, die Banken. Die Massen sind am Angriff auf die strategisch wichtigen Punkte Warschaus, die von regierungstreuen Truppen verteidigt werden, nicht beteiligt, auch nicht an der Belagerung des Belvedere, wohin sich der Präsident der Republik und die Minister der Regierung Witos geflüchtet haben. Die Soldaten sind auch diesmal das klassische Element bonapartistischer Taktik. Aber der Generalstreik, den die sozialistische Partei proklamiert, um Pilsudskis in seinem Kampf gegen die Koalition der Rechten, auf die Witos sich stützt, zu helfen, ist das moderne Element des Aufstands, das diesem Gewaltstreich, dieser brutalen Militärrevolte, eine soziale Rechtfertigung gibt. Die Teilnahme der Arbeiterschaft läßt die Soldaten Pilsudskis als Verteidiger der proletarischen Freiheit erscheinen. Der Generalstreik verwandelt die Militärrevolte in einen Volksaufstand, der von einem Teil der Armee unterstützt wird. Pilsudski, der zu Beginn des Staatsstreichs nur ein rebellischer General ist, wird auf diese Weise zu einer Art Volkshauptmann, zu einem proletarischen Helden, zum sozialistischen Bonaparte, wie Lloyd George das nennt.

Aber der Generalstreik genügt nicht, um Pilsudski zur Legalität zurückzuführen. Auch Pilsudski fürchtet, „gesetzlos“ zu werden. Im Grunde ist dieser sozialistische General nur ein bürgerlicher Catilina, der darauf bedacht ist, die kühnsten Pläne in den Grenzen der historischen bürgerlichen Moral seiner Zeit und seiner Nation anzulegen und auszuführen. Er ist ein Parteiführer, der den Staat umstürzen und doch kein Staatsfeind sein will. In seinem Haß gegen Witos erkennt er ihm nicht einmal das Recht zu, den Staat zu verteidigen. Der Widerstand der regierungstreuen Truppen läßt in ihm den Polen aus Litauen zum Vorschein kommen, den „Narren und Starrkopf“: gegen Maschinengewehre setzt er Maschinengewehre ein. Nur der Pole aus Litauen hindert den sozialistischen General, zur Legalität zurückzukehren, die Umstände zu nutzen, um den zu Anfang begangenen Fehler wiedergutzumachen. Denn man beginnt eine parlamentarischen Staatsstreich nicht mit einer brutalen Militärrevolte. „Das ist nicht korrekt", hätte Montron gesagt.

Pilsudski findet einen Komplicen in der sozialistischen Partei durch ihnen taktischen Generalstreik; er muß sich einen Verbündeten in der Person des Sejm-Marschalls sichern. Er wird sich des Staates mit Hilfe der Verfassung bemächtigen. Während in den Vorstädten Warschaus der Kampf andauert, und in Posen General Haller sich rüstet, der Regierung zu Hilfe zu kommen, beschließen im belagerten Belvedere der Präsident der Republik, Woitciekowski, und Ministerpräsident Witos, der Verfassung entsprechend die Macht in die Hände des Reichtagspräsidenten zu legen. Von diesem Augenblick an ist nicht mehr der Präsident der Republik Garant der Verfassung, sondern der Sejm-Marschall. Erst jetzt beginnt der parlamentarische Staatsstreich; bisher war es nur eine Militärrevolte, unterstützt durch einen Generalstreik. Pilsudski sagt später, sein Umsturzversuch wäre wahrscheinlich gescheitert, wenn Woitciekowski und Witos das Eintreffen regierungstreuer Truppen abgewartet hätten. Der überstürzte Beschluß, den Woitciekowski und Witos fassen, verwandelt die Militärrevolte in einen parlamentarischen Staatsstreich. Jetzt ist es Sache des Sejm-Marschalls, Pilsudski in den Rahmen der Gesetze zurückzuführen: „Ich will keine Diktatur errichten", erklärt Pilsudski, sobald er parlamentarischen Boden unter den Füßen spürt, „ich habe die Absicht, nur der Verassung gemäß zu handeln, um das Ansehen, die Macht und die Autorität des Staates zu heben." Auch er, wie alle Catilinarier der Rechten, die die Macht durch Gewalt an sich reißen, hat nur den Ehrgeiz, als treuer Diener des Staates zu erscheinen.

Und als guter Diener des Staates hält Pilsudski seinen Einzug in Warchau, vierpsännig, von einer Schwadron lächelnder Ulanen eskortiert. Die Menge, die am Krakowskie Przedmiescie Spalier bildet, empfängt ihn mit den Rufen: „Es lebe Pilsudski! Es lebe die Republik!“ Der Präsident der Volksvertretung wird keine großen Schwierigkeiten haben, sich mit Pilsudski über die Verfassung zu einigen. „Die Revolution ist zu Ende“, denkt er, „jetzt können wir uns verständigen.“ Aber der parlamentarische Staatsstreich ist noch immer nicht beendet: nach all den Ereignissen, die die Verfassung zum Instrument der Diktatur und das demokratische und proletarische Polen, den großzügigen Komplicen des Aufstands, zum Feind des sozialistischen Generals gemacht haben, nach so viel vergeblicher Mittäterschaft und so vielen verlorenen Illusionen, hat Pilsudski bis heute nicht den Weg gefunden, Gewalt und Legalität miteinander zu versöhnen.
1926 hat der parlamentarische Staatsstreich bloß begonnen; bis heute ist er ein Staatsstreich ohne Abschluß.

MUSSOLINI
UND DER FASCISTISCHE STAATSSTREICH

Während des fascistischen Staatsstreichs vom Oktober 1922 ließ mich ein ungewöhnlicher Zufall Israel Zangwill kennenlernen, den englischen Schriftsteller, der niemals, weder in seinen Werken noch in seinem Leben, bereit war, auf seine liberalen Ideen und seine demokratischen Voreingenommenheiten zu verzichten. Als er bei seiner Ankunft in Florenz den Bahnhof verlassen wollte, war er von einigen Schwarzhemden festgenommen worden, da er sich geweigert hatte, ihnen seine Ausweispapiere zu zeigen. Israel Zangwill, geschworener Feind der Gewalt und der Ungesetzlichkeit, gehörte in England der Union of Democratic Control an. Die bewaffneten Männer, die den Bahnhof besetzt hielten, waren weder Carabinieri noch Soldaten oder Polizei; sie waren Schwarzhemden, das heißt Individuen, die keinerlei Recht hatten, Bahnhöfe zu besetzen und Ausweispapiere zu verlangen. Beim Fascio, auf der Piazza Mentana, nahe dem Arno, in einem Gebäude, in dem bisher die FIOM, die von den Fascisten mit Gewalt aufgelöste sozialistische Metallarbeitergewerkschaft, ihren Sitz gehabt hatte, war der englische Schriftsteller dem „Konsul“ Tamburini vorgeführt worden, der damals Oberkommandant der Schwarzhemden von Florenz war. Konsul Tamburini ließ mich als Dolmetscher rufen, und ich war sehr überrascht, hier Israel Zangwill vorzufinden, der mit Vollendung seine Rolle als Mitglied der Union of Democratic Control spielte, Opfer einer Revolution, die weder englisch noch liberal noch demokratisch war.

Er war wütend. Er äußerte in sehr korrektem Englisch außerordentlich wenig korrekte Ansichten über Revolutionen im allgemeinen und über den Fascismus im besondern. Sein Gesicht war rot vor Zorn, und seine

Augen blitzten mitleidlos auf den armen Tamburini nieder, der nicht englisch konnte und, selbst wenn sich dieser Unbekannte italienisch ausgedrückt hätte, nicht ein Wort dieser liberalen und demokratischen Sprechweise verstanden hätte. Ich tat mein Bestes, um eine für fascistische Ohren so harte Sprache in höfliche Ausdrücke zu übersetzen. Ich glaube, Israel Zangwill damit einen Dienst geleistet zu haben, denn in jenen Tagen war Tamburini weder eine Figur von Theokrit noch Mitglied der Fabian Society, um so weniger als er von der Existenz Israel Zangwills nichts wußte und nicht zu glauben schien, daß es sich um einen berühmten englischen Schriftsteller handelte. „Ich verstehe nicht ein Wort Englisch", sagte der Kommandant, „und ich glaube nicht, daß du genau übersetzt hast, was er gesagt hat, denn Englisch ist eine konterrevolutionäre Sprache, und es scheint, daß sogar seine Syntax liberalistisch ist. Aber wie immer: nimm diesen Herrn mit dir und bemühe dich, ihn diesen unangenehmen Zwischenfall vergessen zu lassen." Ich ging mit Zangwill, begleitete ihn in sein Hotel und verbrachte einige Stunden mit ihm in lebhafter Diskussion über Mussolini, über die politische Situation und den Kampf, der zur Eroberung des Staates eingesetzt hatte.

Es war der erste Tag des Aufstandes. Der Ablauf der Ereignisse schien einer Logik zu gehorchen, die nicht die der Regierung war. Israel Zangwill wollte nicht glauben, daß man bereits mitten in der Revolution sei. „In Paris", sagte er, „fand 1789 die Revolution nicht nur in den Köpfen, sondern auch auf der Straße statt." Florenz glich tatsächlich nicht dem Paris von 1789. Die Leute in den Straßen sahen ruhig und unbeteiligt aus, alle Gesichter zeigten das alte höfliche und ironische Lächeln der Florentiner. Ich erklärte Zangwill, daß 1917 in Petrograd, an dem Tage, an dem Trotzki das Signal zum Aufstand gab, gleichfalls niemand bemerken konnte, was vor sich ging, daß die Theater, die Kinos, die Restaurants, die Cafés geöffnet waren, und daß die Technik des Staatsstreichs in den modernen Zeiten große Fortschritte gemacht hatte.

„Die Revolution Mussolinis", rief Zangwill, „ist keine Revolution, sie ist eine Komödie." Gleich vielen italienischen Liberalen und Demokraten, glaubte er an eine Zusammenarbeit zwischen dem König und Mussolini: der Aufstand war nur ein Schauspiel, um dahinter das Spiel der Monarchie zu verbergen. Die Meinung Zangwills war, obwohl falsch, höchst achtenswert wie alle englischen Meinungen. Aber sie beruhte auf der Überzeugung, daß die Ereignisse dieser Tage das Resultat eines politischen Spiels waren, dessen Hauptfaktoren nicht die Gewalt und der Geist der Revolution waren, sondern List und Berechnung. Mussolini war in Israel Zangwills Augen eher ein Schüler Machiavellis als Catilinas. Diese Meinung des englischen Schriftstellers war damals – und bis heute – in Europa weit verbreitet. Seit Beginn des vorigen Jahrhunderts war man in Europa stets gewohnt, Menschen und Ereignisse Italiens als Nachfolge-Erzeugnisse einstiger Logik und Ästhetik zu betrachten.

Diese Art, die Geschichte des modernen Italien zu sehen, rührt zum großen Teil von der naturgegebenen Neigung der Italiener zu Rhetorik, Eloquenz und Literatur her, eine Krankheit, an der nicht alle Italiener leiden, von der aber viele nie zu heilen sein werden. Obwohl ein Volk mehr nach seinen Fehlern als nach seinen Vorzügen beurteilt wird, glaube ich doch, daß nichts diese Meinung der Ausländer über das moderne Italien rechtfertigen kann, selbst wenn Rhetorik und Literatur die Ereignisse so weit verfälschen, daß sich die Geschichte wie eine Komödie ansieht, die Helden wie Komödianten und das Volk wie eine Menge von Komparsen und Zuschauern.

Um das heutige Italien gut zu verstehen, muß man es objektiv betrachten, das heißt, man muß vergessen, daß es Griechen, Römer und Italiener der Renaissance gegeben hat. „Dann werden Sie bemerken“, sagte ich zu Israel Zangwill, „daß an Mussolini nichts Altes ist. Er ist immer, und manchmal ohne es zu wollen, ein moderner Mensch. Sein politisches Spiel ist nicht das Cesare Borgias, sein Machiavellismus unterscheidet sich nicht sehr von dem Gladstones oder Lloyd Georges, und seine Auffassung vom Staatsstreich hat nichts gemeinsam mit der Sullas oder Caesars. Sie werden in diesen Tagen viel von Caesar und vom Rubicon hören, aber das ist gutgläubige Rhetorik, die Mussolini nicht gehindert hat, eine völlig moderne Aufstandstaktik zu entwerfen und anzuwenden, der die Regierung nichts als Polizeimaßnahmen entgegenzustellen hat.“

Israel Zangwill bemerkte ironisch, daß Graf Oxenstjerna in seinen berühmten *Memoiren* bei der Etymologie des Namens „Caesar“ als dessen Ursprung das punische Wort *„césar“* nennt, das Elefant bedeutet: „Ich hoffe“, fügte er hinzu, „daß Mussolini in seiner revolutionären Taktik beweglicher als ein Elefant und moderner als Caesar ist.“ Er war sehr begierig, die, wie ich sie nannte, fascitische Aufstandsmaschine von nahem zu sehen, denn er konnte nicht begreifen, wie man eine Revolution ohne Barrikaden, ohne Straßenkämpfe, ohne Leichen auf den Gehsteigen machen kann. „Alles verläuft in vollkommener Ordnung!“ rief er. „Das ist eine Komödie, das kann nur eine Komödie sein!“

Immer wieder fuhren Lastwagen voller Schwarzhemden durch die Straßen des Zentrums. Diese jungen Burschen trugen Stahlhelme, waren mit Gewehren, Dolchen und Handgranaten bewaffnet, sangen und schwenkten schwarze Fahnen mit silbergestickten Totenköpfen. Israel Zangwill wollte nicht glauben, daß diese jungen Burschen, fast noch Kinder, die berühmten Stoßtrupps Mussolinis waren. „Was man den Fascisten nicht verzeihen kann“, sagte er, „ist die Anwendung von Gewalt.“ Aber die revolutionäre Armee Mussolinis war keine Heilsarmee; die Schwarzhemden waren nicht zu philanthropischen Zwecken mit Dolchen und Handgranaten bewaffnet, sondern für den Bürgerkrieg. Die Menschen, die die fascistische Gewalt leugnen und die Schwarzhemden für Schüler Rousseaus und Tolstois ausgeben möchten, sind die gleichen wie jene, die uns, krank von Rhetorik und Literatur, glauben machen wollen, daß Musssolini ein alter Römer ist, ein Condottiere des 15. Jahrhunderts oder ein Signore der Renaissance, mit den weißen und zarten Händen eines Giftmischers und Platonikers. Mit Schülern Rousseaus oder Tolstois unter der Führung eines alten Römers oder Condottiere der Renaissance kann man keine Revolution machen, sondern höchstens etwas, das einer Komödie gleicht; man kann mit ihnen sich nicht einmal eines von einer liberalen Regierung verteidigten Staates bemächtigen. „Sie sind kein Heuchler“, sagte Israel Zangwill zu mir, „aber wären Sie in der Lage, mir zu zeigen, woran man erkennt, daß diese Revolution keine Komödie ist?“

Ich schlug ihm vor, ihn am selben Abend mitzunehmen, um von nahem zu sehen, was ich die fascistische Aufstandsmaschine nannte. Die Schwarzhemden hatten alle strategischen Punkte und die lebenswichtigen technischen Organe der Stadt und der Provinz durch Überrumplung besetzt. Die politischen und militärischen Behörden hatten sich von diesem plötzlichen Angriff überraschen lassen. Nach einigen vergeblichen Versuchen, die Schwarzhemden vom Bahnhof, aus der Postdirektion und den Telephon- und Telegraphenämtern zu vertreiben, hatte sich die Polizei in den Palazzo Riccardi zurückgezogen, den Sitz der Präfektur, die einstige Residenz Lorenzos des Prächtigen, verteidigt von je einer Rotte Carabinieri und Bereitschaftspolizei mit zwei Panzerautos. Der in der Präfektur belagerte Präfekt Pericoli konnte weder mit der Regierung in Rom noch mit den Behörden in Stadt und Provinz in Verbindung treten; die Telephonleitungen waren durchschnitten, und Maschinengewehre in den umliegenden Häusern bedrohten alle Zugangswege zum Palazzo Riccardi. Die Truppen der Garnison der Infanterie-, Artillerie- und Kavallerie-Regimenter, die Carabinieri und die Schutzpolizei lagen in ihren Kasernen: für den Augenblick wahrten die Militärbehörden wohlwollende Neutralität.

Aber auf diese Art von Neutralität durfte man sich nicht zu sehr verlassen: wenn sich die Lage in vierundzwanzig Stunden nicht klärte, war damit zu rechnen, daß Fürst Gonzaga, der Kommandant des Armeekorps, die Initiative ergreifen und mit allen Mitteln die Ordnung wiederherstellen werde. Ein Konflikt mit der Armee hätte für die Revolution sehr ernste Folgen haben können. Florenz ist neben Pisa und Bologna der Schlüssel der Bahnverbindungen zwischen Nord- und Süditalien. Sollte der Transport der fascistischen Kräfte vom Norden nach Latium gesichert sein, so mußte man den strategischen Schlüssel Mittelitaliens um jeden Preis so lange halten, bis die Schwarzhemden-Truppen, die auf die Hauptstadt marschierten, die Regierung gezwungen hatten, die Macht in die Hände Mussolinis zu legen. Um Florenz zu halten, gab es nur ein Mittel: Zeit gewinnen.

Gewalt schließt List nicht aus. Auf Befehl des Generals Balbo begab sich eine Staffel Fascisten zur „Nazione“, der wichtigsten Tageszeitung der Toscana. Zu Borelli geführt, dem Direktor der Zeitung, der jetzt den „Corriere della Sera“ leitet, erzwangen die Fascisten, sofort eine Sondernummer herauszubringen mit der Meldung, daß

sich General Cittadini, der Flügeladjutant des Königs, nach Mailand begeben habe, um mit Mussolini in Verhandlungen zu treten, und daß infolge dieses Schrittes Mussolini eingewilligt habe, ein neues Ministerium zu bilden.
Diese Nachricht war falsch; aber sie machte den Eindruck der Wahrheit. Man wußte, daß sich der König in seiner Residenz San Rossore bei Pisa befand, aber die Öffentlichkeit wußte nicht, daß er, von General Cittadini begleitet, am selben Abend nach Rom aufgebrochen war. Zwei Stunden später verbreiteten Hunderte von fascistischen Lastwagen die Sonderausgabe der „Nazione" in Florenz und der ganzen Toscana. Umzüge bildeten sich; die Soldaten, die Carabinieri fraternisierten mit den Schwarzhemden in ihrer Freude über einen Entschluß, der sowohl ein Beweis für die Klugheit und den Patriotismus des Königs wie für die Klugheit und den Patriotismus der Revolution war. Fürst Gonzaga begab sich in Person zum Fascio, um sich die erfreuliche Nachricht, die seiner Gewissenskrise ein Ende setzte und die ihn von einer schweren Verantwortung befreite, bestätigen zu lassen. Er hatte über Radio in Rom um Bestätigung des Auftrags des Königs an Mussolini gebeten, aber, sagte er, „das Kriegsministerium wollte sich nicht präzis äußern und antwortete, man dürfe den Namen des Königs nicht in den Streit der Parteien hineinziehen; die Nachricht sei wahrscheinlich verfrüht. Ich weiß aus Erfahrung", hatte Gonzaga lächelnd hinzugefügt, „daß für das Kriegsministerium exakte Nachrichten immer verfrüht sind."

Am Abend war General Balbo nach Perugia, ins Hauptquartier der Revolution, aufgebrochen. Tamburini hatte mit seiner Legion den Zug bestiegen, um in der römischen Campagna zur Armee der Schwarzhemden zu stoßen. Florenz schien zu schlafen. Gegen Mitternacht ging ich zum Hotel Porta Rossa, wo Israel Zangwill mich erwartete, um ihm aus der Nähe zu zeigen, woran man erkennen konnte, daß die fascistische Revolution keine Komödie war.

Israel Zangwill empfing mich mit befriedigter Miene. Er hatte ein Exemplar der Sonderausgabe der *Nazione* in der Hand: „Sind Sie jetzt überzeugt", sagte er zu mir, „daß der König im Einverständnis mit Mussolini war? Seien Sie überzeugt, daß eine verfassungsmäßige Revolution nur eine mise en scène sein kann." Ich erzählte ihm die Geschichte der falschen Meldung und er schien sehr verlegen. „Und die Freiheit der Presse?" rief er aus. Offenbar durfte ein konstitutioneller König sich nicht mit Revolutionären einlassen, um die Freiheit der Presse aufzuheben; die Komödie wäre ernst geworden. Aber die Freiheit der Presse hat Zeitungen nie daran gehindert, falsche Nachrichten zu veröffentlichen. Darauf wußte Zangwill nichts zu erwidern, bis auf die Bemerkung, daß in einem freien Land wie England falsche Nachrichten nicht gleichbedeutend mit Pressefreiheit sind.

Die Stadt war leer. An den Straßenecken standen Patrouillen der Fascisten, die unbeweglich im Regen ausharrten, ihren schwarzen Fez auf dem Ohr. In der Via Pecori stand vor dem Eingang der Telephonzentrale ein Lastwagen, eines der mit Maschinengewehren bestückten und mit Stahlplatten beschlagenen Fahrzeuge, die die Fascisten Tanks nannten. Die Telephonzentrale war von Stoßtrupps der „Roten Lilie" besetzt, die eine rote Lilie auf der Brust trugen. Diese Staffel „Giglio rosso" war neben der „Disperata" eine der gewalttätigsten der Florentiner Legionen. Beim Bahnhof Campo di Marte trafen wir fünf Lastautos, vollbeladen mit Gewehren und Maschinengewehren, die die fascistischen Zellen der Kaserne San Giorgio dem Kommandanten der Legion ausgeliefert hatten. (Überall, in den Fabriken, bei den Regimentern, Banken, Behörden gab es fascistische Zellen, die das geheime Netz der revolutionären Organisation bildeten.) Diese Gewehre und Maschinengewehre waren für tausend Schwarzhemden aus der Romagna bestimmt, die nur mit Dolchen und Revolvern bewaffnet waren; man erwartete die Ankunft ihres Zuges aus Faenza.

„Anscheinend", sagte der Bahnhofskommandant zu mir, „hat es in Bologna und in Cremona Zusammenstöße mit den Carabinieri gegeben, die Verluste der Fascisten sollen hoch sein." Die Schwarzhemden hatten die Kasernen der Carabinieri angegriffen, die sich mit größter Energie verteidigt hatten. Aus Pisa, Lucca, Livorno, Siena, Arezzo, Grosseto waren die Nachrichten besser; die gesamte technische Organisation dieser Städte war in Händen der Fascisten. „Wieviel Tote?" fragte Israel Zangwill. Er war sehr erstaunt, als er hörte, daß es nirgendwo in der Toscana blutige Konflikte gegeben hatte. „Wie es scheint", sagte er, „ist Ihre Revolution in Bologna und Cremona seriöser als hier."

Es hatte beim bolschewistischen Aufstand im Oktober 1917 fast keine Verluste gegeben; Tote gab es nur bei der Konterrevolution, einige Zeit nach der Eroberung des Staates, als die roten Garden Trotzkis die Erhebung der Junker unterdrücken und die Offensive der Kosaken Kerenskis und des Generals Krassnoff zurückschlagen mußten. „Die Zusammenstöße in Bologna und Cremona beweisen", sagte ich, „daß es in der fascistischen revolutonären Organisation irgendeinen Fehler gegeben hat. Wenn die Aufstandsmaschine fehlerlos arbeitet, wie in der Toscana, sind Zwischenfälle sehr selten." Israel Zangwill konnte ein ironisches Lächeln nicht unterdrücken: „Der König", sagte er, „ist ein sehr geschickter Maschinist; nur dank dem König kann Ihre Maschine ohne Störung funktionieren."

In diesem Augenblick lief ein Zug ein, eine lärmende

Dampfwolke von Stimmen, Liedern und Trommelwirbeln. „Die Fascisten aus der Romagna“, sagte ein Eisenbahner, der, den Karabiner auf der Schulter, vorbeikam. Sofort waren wir umringt von Schwarzhemden, malerischen und furchteinflößenden Gestalten, gestickte Totenköpfe auf der Brust, die Stahlhelme rot gefärbt, die Dolche in breiten Ledergürteln. In sonnenverbrannten Gesichter hatten die harten Züge romagnolischer Bauern, Schnurr- und Spitzbärte gaben diesen Gesichtern ein schelmisches, verwegenes oder drohendes Aussehen, mit dem Israel Zangwill nicht recht zufrieden schien. Er machte sich klein, lächelte freundlich und versuchte, sich durch diese lärmende Menge einen Weg zu bahnen mit höflichen Gesten, die ihm die erstaunten Blicke der dolchbewehrten Männer eintrugen. „Sie sehen nicht sehr liebenswürdig aus“, klagte er mit leiser Stimme. – „Sie erwarten hoffentlich nicht, daß Revolutionen von liebenswürdigen Leuten gemacht werden“, erwiderte ich. „Mussolini führt seinen politischen Kampf seit vier Jahren weder mit Sanftheit noch mit Bluff, sondern mit Gewalt, mit harter, unerbittlicher, wissenschaftlicher Gewaltanwendung.“

Es war wirklich ein ungewöhnliches Abenteuer für Israel Zangwill, von einer Patrouille von Jakobinern in schwarzen Hemden verhaftet, dann freigelassen und schließlich im Auto mitten in der Nacht herumgeführt zu werden, um sich davon zu überzeugen, daß die fascistische Revolution keine Komödie ist. „Ich dürfte kaum wie Candide unter den Jesuiten aussehen“, sagte er lächelnd. Er sah viel eher wie Candide unter den Kriegern aus; aber kann ein Candide Engländer sein und Israel heißen? Diese bäuerlichen Herkulesse, mit mitleidlosen Augen, eckigen Kinnladen, breiten, schlaggewohnten Händen, maßen ihn von Kopf bis zu den Füßen mit langen verächtlichen Blicken, erstaunt über den sonderbaren Anblick eines unscheinbaren Herrn im

Stehkragen, mit schüchternen und höflichen Gesten, der nicht einmal ein Polizeiagent oder ein liberaler Abgeordneter zu sein schien.
Während wir durch die leeren Straßen weiterfuhren, sagte ich zu Israel Zangwill: „Ihre Verachtung für die fascistische Revolution, die Sie für eine Komödie halten, widerspricht eigentlich Ihrem Haß gegen die Schwarzhemden, denen die englischen Liberalen tagtäglich vorhalten, daß sie Gewalt anwenden. Wie könnte es sein, daß die Revolutionäre gewalttätig sind und ihre Revolution eine Komödie ist? Ich kann Ihnen sagen, daß die Schwarzhemden nicht nur gewalttätig sind, sondern unerbittlich. Es ist richtig, daß die Fascisten in ihren Zeitungen manchmal gegen die Behauptungen ihrer Gegner protestieren, die sie als Gewalttäter hinstellen; aber das ist Heuchelei, um den Kleinbürger zu beruhigen. Übrigens ist auch Mussolini selbst weder Vegetarier noch Christian Scientist noch Sozialdemokrat. Seine marxistische Erziehung erlaubt ihm keine tolstoischen Skrupel; er hat nicht in Oxford die guten politischen Manieren studiert, und Nietzsche hat ihm Romantik und Philanthropie für immer verleidet. Wenn Mussolini ein Kleinbürger mit hellen Augen und Fisteltsimme wäre, würden seine Anhänger bestimmt von ihm abfallen und einem andern Führer folgen. Das hat sich schon im vorigen Jahr gezeigt, als er mit den Sozialisten einen Waffenstillstand schließen wollte; es ist zu Rebellionen und Spaltungen im Fascismus gekommen, und die Partei erklärte sich mit großer Mehrheit für die Fortsetzung des Bürgerkrieges. Man darf nicht vergessen, daß die Schwarzhemden vor allem von den extremen Linksparteien herkommen, soweit sie nicht alte Soldaten sind, denen vier Kriegsjahre das Herz verhärtet haben, oder junge Leute, die sich restlos einsetzen. Man darf auch nicht vergessen, daß der Gott waffentragender Männer nur der Gott der Gewalt sein kann."

„Ich werde es nie vergessen", sagte Israel Zangwill einfach.

Als wir beim Morgengrauen nach Florenz zurückkehrten, hatte Israel Zangwill von nahem gesehen, was sich im Verlauf dieser Tage in ganz Italien abspielte; ich hatte ihn schnell durch das Land um Florenz gefahren, von Empoli bis ins Mugello, von Pistoia bis San Giovanni Valdarno. Brücken, Bahnhöfe, Straßenkreuzungen, Viadukte, Kanalschleusen, Silos, Munitionsdepots, Gaswerke, die Elektrizitätswerke, alle strategischen Punkte waren von fascistischen Stoßtrupps besetzt. Patrouillen tauchten plötzlich aus der Dunkelheit auf: „Wer da?" Die Eisenbahngleise entlang stand alle zweihundert Meter ein Schwarzhemd. Auf den Bahnhöfen in Pistoia, Empoli und San Giovanni Valdarno standen Gruppen fascistisch organisierter Eisenbahner, die Werkzeuge zur Hand, um im Falle äußerster Notwendigkeit die Schienen aufzureißen. Alle Maßnahmen, den Verkehr zu sichern oder zu unterbrechen, waren getroffen. Man fürchtete, daß in Umbrien und Latium Verstärkungen zu den Carabinieri und Soldaten stoßen könnten, um die Legionen der Schwarzhemden, die auf die Hauptstadt marschierten, im Rücken anzugreifen. Ein Zug mit Carabinieri aus Bologna war bei Pistoia, einige hundert Meter vor der berühmten Brücke von Vaioni, angehalten worden: es wurden Gewehrschüsse gewechselt, dann fuhr der Zug zurück, da er sich nicht auf die Brücke traute. In Serravalle, auf der Straße von Lucca, hatten gleichfalls Scharmützel stattgefunden; Lastwagen mit Einsatzpolizei waren von Maschinengewehren unter Feuer genommen worden, um den Zugang zur Ebene von Pistoia zu verteidigen. – „Sie haben zweifellos im „Leben des Castruccio Castracane" von Machiavelli die Schilderung der Schlacht bei Serravalle gelesen", sagte ich zu meinem Begleiter.

„Ich lese Machiavelli nicht", antwortete mir Israel Zangwill.
Es war schon hell, als wir Prato durchquerten, eine mittlere Stadt in der Umgebung von Florenz, die ein Zentrum der Textilindustrie ist und in 200 Fabriken 25 000 Arbeiter beschäftigt. Man nennt Prato das italienische Manchester; Francesco di Marco Datini ist dort geboren, der den Wechsel erfunden haben soll. Politisch hat Prato keinen guten Ruf; es ist die Stadt der Streiks, der Arbeiteraufstände und die Heimat Brescis, der im Jahre 1900 Umberto I., den zweiten König von Italien, ermordete. Ihre Bewohner haben ein gutes Herz, aber sie sehen oft rot.
Die Straßen waren voller Arbeiter, auf dem Weg in ihre Fabriken. Sie sahen gleichgültig drein und gingen schweigend dahin, ohne auch nur einen Blick auf die Proklamation des „Quadrumvirats", des Revolutionskomitees, zu werfen, die während der Nacht angeschlagen worden war. – „Vielleicht", sagte ich, „interessiert es Sie zu erfahren, daß hier in Prato, im berühmten Collegio Cicognini, d'Annunzio das Gymnasium besucht hat?"
„Im Augenblick", antwortete Israel Zangwill, „interessiert mich zu erfahren, welche Rolle die Arbeiter in dieser Revolution spielen. Die Gefahr für die Fascisten ist nicht die Regierung, sondern der Generalstreik."

Ende 1920 war das Problem, das der Fascismus zu lösen hatte, nicht der Kampf gegen die liberale Regierung oder gegen die sozialistische Partei, die bei fortschreitender Parlamentarisierung ein immer größeres Störungselement im verfassungsmäßigen Leben des Landes wurde, sondern der Kampf gegen die Gewerkschaften, die einzige revolutionäre Kraft, die fähig war, den bürgerlichen Staat gegen die kommunistische oder fascistische Gefahr zu verteidigen.
Die Rolle der Arbeiterorganisationen in der Verteidi-

gung des bürgerlichen Staates, die Bauer im März 1920 gegen den Staatsstreich Kapps ausspielte, hatte Giolitti durchaus begriffen, wenn er sich auch zurückhaltender verhielt. Die politischen Parteien vermochten nichts gegen den Fascismus, dessen Kampfmethode, durch die Gewalttaten der kommunistischen roten Garden bedingt, nicht das war, was man politische Methode nennt: ihre parlamentarische Aktion, die darauf hinauslief, alle revolutionären Kräfte für gesetzwidrig zu erklären, wenn sie sich nicht ebenfalls parlamentarisieren oder, wie man damals sagte, zur Legalität zurückkehren wollten, vermochte die Fascisten nicht zu zwingen, auf die Gewaltanwendung gegen die Gewalt der Kommunisten zu verzichten. Was konnte die Regierung gegen die revolutionäre Aktion der Schwarzhemden und der roten Garden tun? Die Massenparteien, die sozialistische und die katholische Partei, die ihre Parlamentarisierung auf die Rolle konstitutioneller Parteien beschränkt hatte, konnten lediglich dazu dienen, eine eventuelle repressive Aktion der Regierung auf parlamentarischem Gelände zu stützen und sozusagen zu legitimieren. Aber es sollte ganz anderes als die üblichen Polizeimaßnahmen notwendig sein, um der Unordnung, die in Italien soviel Blut forderte, ein Ende zu machen.

Statt der revolutionären Aktion der Fascisten und Kommunisten die bewaffnete Macht entgegenzusetzen, hatte sich Giolitti vorsichtig dafür entschieden, sie dadurch zu neutralisieren, daß er ihr die gewerkschaftliche Aktion der organisierten Arbeiter entgegenstellte. Es war die Methode Bauers, angewandt als Präventivmaßnahme gegen die Gefahr der Revolution. Aber die Methode, die Bauer als Marxist angewandt hatte, benutzte Giolitti als Liberaler. So wurden die Gewerkschaften zu der Manövriermasse, über die die Regierung verfügen konnte, um auf dem Boden der Illegalität die illegale Aktion der Schwarzhemden und roten Garden zu bekämpfen. In den Händen Giolittis war der Streik eine Waffe, die für Fascisten und Kommunisten ebenso gefährlich war wie bisher für die Regierung. Die Streikepidemie in den Jahren 1920 und 1921 war in den Augen der Bürger und auch der Arbeiter eine Krankheit des Staates, ein Vorbote der proletarischen Revolution, die notwendige Krise, deren unvermeidliche Lösung die Übernahme der Macht durch die Massen sein mußte, und war doch nichts anderes als das Symptom der tiefgehenden Veränderung, die in der Situation eingetreten war. Diese Streiks waren nicht mehr, wie 1919, gegen den Staat gerichtet, sondern gegen alle revolutionären Kräfte, die außerhalb der gewerkschaftlichen Organisationen, oder gar gegen sie, die Macht an sich reißen wollten. Zwischen den Gewerkschaften und der sozialistischen Partei bestand seit langem ein dualistischer Gegensatz, dessen Ursprung die Frage der Autonomie der Gewerkschaften war. Aber gegen die revolutionären Kräfte, die sich des Staates bemächtigen wollten, hatte das Proletariat nicht nur einfach diese Autonomie zu verteidigen, sondern die Existenz seiner Klassenorganisationen. Gegen die Fascisten verteidigten die Arbeiter die Freiheit ihrer Klasse. Die Haltung der Gewerkschaften den Kommunisten gegenüber entsprach der Haltung der russischen Gewerkschaften gegenüber den Bolschewiki am Vorabend des Oktoberaufstands 1917.

Aber Giolittis liberale Konzeption der Anwendung der marxistischen Methode Bauers verschlimmerte nur die Lage. Giolittis Liberalismus war nichts als skrupelloser Optimismus. Zynisch und mißtrauisch, eine Art parlamentarischer Diktator, zu wendig, um an Ideen zu glauben, und zu sehr voller Vorurteile, um die Menschen zu achten, vermochte er schließlich, Zynismus und Mißtrauen geistig mit Optimismus in Einklang zu bringen, was ihn dazu brachte, Situationen herbeizuführen und sich dabei desinteressiert zu stellen, sie durch verborgene Kunstgriffe aller Art zu komplizieren und dabei zu tun, als lasse er sie einfach reifen. Er hatte zum Staat nicht das geringste Vertrauen. Das Geheimnis seiner Politik ist in seiner Verachtung des Staates zu suchen. Seine liberale Auslegung der marxistischen Methode Bauers bestand darin, die repressive Aktion der Regierung durch die revolutionäre Aktion der Gewerkschaften zu ersetzen, was so viel bedeutete, wie ihnen die Verteidigung des bürgerlichen Staates anzuvertrauen, um den Staat von der fascistischen und kommunistischen Bedrohung zu entlasten und für seine Politik der „Parlamentarisierung" – lies Korrumpierung – des Proletariats freie Hand zu haben.

Ende 1920 hatten die Ereignisse in Italien eine Situation geschaffen, wie sie in der Geschichte der politischen Kämpfe des zeitgenössischen Europa ohne Beispiel ist. D'Annunzio, der sich Fiumes bemächtigt hatte, drohte jeden Augenblick, in Italien einzudringen und mit seinen Legionären den Staat zu erobern. Selbst zum Lager der Arbeiter hatte er einige freundschaftliche Beziehungen: wir wissen, daß zwischen der Gewerkschaft der Seeleute und der Regierung von Fiume Verbindungen bestanden. D'Annunzio wurde von den Führern der Gewerkschaften nicht so sehr als Feind, sondern als ein gefährlicher Mann angesehen, der fähig war, das Land in internationale Verwicklungen hineinzuziehen. Er galt jedenfalls nicht als möglicher Verbündeter im Kampf gegen den Fascismus, obgleich man wußte, daß er auf Mussolini und auf die Rolle, die dessen revolutionäre Organisation in der italienischen Innenpolitik spielte, eifersüchtig war. Die Rivalität zwischen d'Annunzio und Mussolini war keine schlechte Karte im Spiel Giolittis, der mit schlechten Karten korrekt spielte, aber mit guten betrog. Die Kommunisten ihrerseits, von Fascismus und Regierung unter Kreuzfeuer genommen, hatten jeden Einfluß auf die Arbeitermassen verloren. Ihr krimineller und naiver Terrorismus, ihr absolutes Nichtverstehen des Problems der Revolution in Italien, ihre Unfähigkeit, mit einer Taktik zu brechen, die sich in der direkten Aktion in Attentaten, vereinzelten Anschlägen, Kasernen- und Fabriksrevolten erschöpfte, in dem unnötigen Straßenkrieg in kleinen Orten der Provinz, hatte sie bereits auf eine nebensächliche Rolle im Kampf um die Eroberung des Staates beschränkt. Sie waren nur mehr kühne und grausame Hauptakteure einer Art Aufstandmythos à la Bovary. Wie viele versäumte Gelegenheiten, wie viele mißglückte Anschläge gab es im Verlauf dieses Jahres 1919, dem roten Jahr, in dem irgendein kleiner Trotzki, irgendein Catilina der Provinz, mit ein wenig gutem Willen, einer Handvoll Männern und einigen Gewehrschüssen die Macht an sich hätte reißen können, ohne weder beim König noch bei der Regierung noch bei der Geschichte Italiens Anstoß zu erregen. Im Kreml waren in ruhigen Stunden die Bovary-Rebellionen der italienischen Kommunisten bevorzugtes Gesprächsthema. Lenin, so klug und so fröhlich, lachte Tränen über die Nachrichten, die er aus Italien erhielt. „Die italienischen Kommunisten? Ha! ha! ha!“ Er amüsierte sich wie ein Kind, wenn er die Botschaften las, die ihm d'Annunzio aus Fiume sandte.

Fiume wurde immer mehr eine Frage der Außenpolitik. Der von d'Annunzio im September 1919 geschaffene Staat hatte in wenigen Monaten den Weg mehrerer Jahrhunderte nach rückwärts durchlaufen. Dieser Staat, der nach d'Annunzios Absicht den ersten Kern einer kräftigen revolutionären Organisation bilden sollte, den Ausgangspunkt der Aufstandsarmee, die zur Eroberung Roms aufbrechen sollte, war Ende 1920 nur mehr eine italienische Signorie der Renaissance, mit den Wirren innerer Kämpfe, belastet durch den Ehrgeiz, die Rhetorik und das prunkende Auftreten eines Principe, der zuviel redete statt den Ratschlägen Machiavellis zu folgen. Die Schwäche dieses Fürstentums bestand nicht nur in seinem Anachronismus, sondern darin, daß seine Existenz mehr ein außenpolitisches als ein innenpolitisches Problem war. Die Eroberung Fiumes war kein Staatsstreich gewesen; sie hatte nicht die innerpolitische Lage Italiens verändert: sie hatte die Durchführung eines internationalen Beschlusses verhindert, der dem Problem Fiume eine Lösung gegeben hätte, die gegen das Selbstbestimmungsrecht der Völker verstieß. Das war d'Annunzios großes Verdienst und gleichzeitig seine große Schwäche in der revolutionären Situation Italiens. Durch die Schaffung des Staates Fiume war er ein wichtiges Element in der Außenpolitik Italiens geworden, aber er war aus dem Spiel der inneren Politik ausgeschieden und hatte auf sie nur noch indirekten Einfluß. Die Rolle, die d'Annunzio seinen Legionären zugedacht hatte, ging folgerichtig auf die Schwarzhemden über. Während d'Annunzio als Fürst einer unabhängigen Signorie, mit Verfassung, Regierung, Heer, Finanzen und Gesandten, an Fiume gefesselt war, breitete Mussolini seine revolutionäre Organisation immer weiter aus. Man sagte damals, d'Annunzio sei der Principe und Mussolini sein Machiavelli; in Wirklichkeit war für die italienische Jugend d'Annunzio nichts als ein Symbol, ein Jupiter der Nation, und das Problem Fiume war nur noch ein Argument, dessen Mussolini sich im Innern bediente, um die Regierung auf außenpolitischem Terrain zu bekämpfen.

Aber die Existenz des Staates Fiume war, obgleich sie für einige Zeit einen gefährlichen Konkurrenten aus dem revolutionären Spiel ausschaltete, für Mussolini dennoch beunruhigend: die Rivalität, die zwischen ihm und d'Annunzio bestand, war nicht ohne Rückwirkungen auf die Masse seiner Anhänger. Die von den Rechtsparteien herkamen, hatten zuviele Sympathien für d'Annunzio, die von den Linksparteien kamen, Republikaner, Sozialisten, Kommunisten, die Mehrheit und der Hauptkern der fascistischen Stoßtrupps, zeigten offene Feindschaft gegen diese gespenstische Erscheinung aus dem XV. Jahrhundert. Diese Rivalität war die Karte, mit der Giolitti mehrmals vergebens versucht hatte, im Spiel zu betrügen, in der Illusion, einen offenen Kampf zwischen d'Annunzio und Mussolini hervorzurufen; er mußte bald einsehen, daß es gefährlich war, sich bei einem sinnlosen Spiel aufzuhalten. Von der Notwendigkeit gedrängt, so schnell wie möglich das Problem Fiume zu lösen, entschied er sich, den Staat d'Annunzios mit den Waffen auszuheben, und benutzte am Weihnachtsabend 1920 das Zusammentreffen günstiger Umstände, um einige Regimenter zum Sturm auf Fiume anzusetzen.

Dem Schmerzensschrei der Legionäre d'Annunzios antwortete ein Aufschrei ganz Italiens. Der Fascismus war für einen allgemeinen Aufstand nicht gerüstet. Der Kampf ließ sich sehr hart an: die schwarzen und die roten Fahnen des Bürgerkriegs flatterten schon auf dem Lande und in den Vorstädten im bösen Winde dieses Winters voll dunkler Anzeichen. Mussolini hatte nicht nur die Toten von Fiume zu rächen, er hatte sich auch gegen die Kräfte der Reaktion zu verteidigen, die den Fascismus unter den Ruinen des Staates d'Annunzios zu begraben drohten. Die Reaktion der Regierung und der Gewerkschaften zeigte sich schon in Polizeiverfolgungen und blutigen Konflikten, deren Initiative auf die Arbeiter übergegangen war. Giolitti wollte die innere Krise, die der Fascismus durchlebte, und die Verwirrung, die durch das tragische Weihnachten von Fiume in seinen Reihen entstanden war, ausnutzen, um Mussolini außer Gesetz zu stellen. Die Führer der Gewerkschaften führten den Kampf mit großen Streikeinsätzen. Städte,

Provinzen, ganze Landesteile wurden durch einen Konflikt, der in irgendeinem kleinen Ort ausgebrochen war, plötzlich lahmgelegt. Beim ersten Gewehrschuß gab es Streik: beim Notschrei der Sirenen leerten sich die Fabriken, schlossen sich Türen und Fenster, stand der Verkehr still, die verlassenen Straßen bekamen das kahle graue Aussehen der Decks eines Panzerschiffes, das zum Gefecht klarmacht. Bevor die Arbeiter die Fabriken verließen, rüsteten sie sich für den Kampf aus. Waffen kamen überall zum Vorschein, unter den Drehbänken, hinter den Webstühlen, den Dynamos oder Dampfkesseln, Kohlenhaufen spien Gewehre und Patronen aus. Männer mit stummen Gesichtern und ruhigen Gesten schlichen zwischen den toten Maschinen, den Kolben, Hämmern, Ambossen, Kränen hindurch, kletterten die Eisenleitern hinauf auf die Türme, die Ladebrücken, die spitzen Glasdächer; sie bezogen Stellung, um jede Fabrik in eine Festung zu verwandeln. Rote Fahnen wuchsen auf den Schornsteinen. In den Höfen versammelten sich die Arbeiter in Massen; sie teilten sich in Kompanien, Züge, Rotten. Gruppenführer mit roter Armbinde gaben Befehle, Patrouillen gingen auf Kundschaft; bei ihrer Rückkehr verließen die Arbeiter die Fabrik und zogen schweigend die Mauern entlang zu den strategischen Punkten der Stadt. Von allen Seiten strömten zu den Camere del Lavoro, den Gewerkschaftshäusern, Gruppen, die in der Taktik des Straßenkampfs geübt waren, um sie gegen einen möglichen Angriff der Schwarzhemden zu verteidigen. Maschinengewehre waren an allen Ausgängen, Treppenbiegungen und auf den Dächern postiert, Handgranaten in den Bureaus in Nähe der Fenster aufgehäuft. Die Eisenbahner kuppelten die Lokomotiven ab, ließen die Züge auf offener Strecke stehen und fuhren mit voller Geschwindigkeit in die Bahnhöfe ein. In den kleineren Orten wurden die Straßen durch quergestellte Wagen gesperrt, um die Verstärkungen der Schwarzhemden an der Fahrt von einer Stadt in die andere zu hindern. Hinter Hecken verschanzt, lauerten die roten Bauerngarden, mit Jagdgewehren, Heugabeln, Hacken und Sensen bewaffnet, den durchfahrenden fascistischen Lastwagen auf. Schüsse fielen längs der Straßen und Eisenbahnen, von Ort zu Ort, bis in die rotbeflaggten Vororte der Städte. Beim Alarmschrei der Sirenen, die den Streik ankündigten, zogen sich die Carabinieri und die Einsatztruppen der Polizisten in ihre Kasernen zurück: Giolitti war zu liberal, um sich in einen Kampf einzumischen, den die Arbeiter gegen die Feinde des Staates so gut allein führten.

In der bedrohlichen Leere, die der Streik um sich schuf, stellten sich die für den Straßenkampf eingeteilten Trupps der Fascisten an den Kreuzungen auf; die in der Verteidigung und im Angriff von Häusern ausgebildeten Abteilungen hielten sich bereit, die schwachen Punkte zu verstärken, bedrohte Positionen zu verteidigen, schnelle und heftige Schläge gegen die Kernpunkte der feindlichen Organisation zu führen. Stoßtrupps von Schwarzhemden, in der Taktik der Infiltration, des Handstreichs, der Einzelaktion geübt, mit Dolchen, Handgranaten und Brandmaterial bewaffnet, warteten neben den Lastwagen, die sie zum Kampfort führen sollten. Ihre Aufgabe war die Vergeltung. Repressalien waren einer der wichtigsten Bestandteile der Taktik der Schwarzhemden. Kaum war die Ermordung eines Fascisten in einer Vorstadt oder einem Dorf bekannt, so machten sich die Stoßtrupps zur Vergeltung auf. Die Gewerkschaftshäuser, die Freizeitstätten, die Häuser der Führer sozialistischer Organisationen wurden augenblicklich gestürmt, verwüstet und in Brand gesteckt. Anfangs, als die Taktik der Vergeltung noch neu war, empfingen die roten Garden die Fascisten mit Schüssen, es entstand ein mörderischer Kampf um die

Gebäude und in den Straßen. Aber diese erbarmungslose Taktik trug bald ihre Früchte: der Terror der Vergeltung erschütterte den Kampfgeist der roten Garden, nahm ihnen den Mut zur Verteidigung, traf den Widerstand der Arbeiterorganisationen ins Herz. Beim Herannahen der Schwarzhemden flüchteten die roten Garden, die sozialistischen Führer, die Gewerkschaftssekretäre, die Streikführer, in die Felder und in die Berge. Diese Menschenjagd ohne Jagdgeschrei dauerte bis zum Morgen, wild und unerbittlich. Manchmal ergriff die ganze Bevölkerung eines Ortes, in dem ein Fascist getötet worden war, die Flucht über die Felder. Die Sturmtrupps fanden die Häuser leer, die Straßen verlassen, einen Leichnam in schwarzem Hemd auf dem Pflaster.

Der fascistischen Taktik, die schnell, gewalttätig, unversöhnlich war, setzten die Führer der Arbeiterorganisationen nicht nur das entgegen, was sie den unbewaffneten Widerstand nannten. Obwohl sie öffentlich nur die Verantwortung für die Streiks übernahmen, unterließen sie nichts, mit allen Mitteln den Kampfgeist der Arbeiter anzufeuern. Sie gaben vor, nicht zu wissen, daß es in allen Gewerkschaftshäusern und in allen Arbeiterfreizeitstätten Gewehr- und Handgranatendepots gab. Nur sollte, ihrer Absicht nach, der Streik keine friedliche Manifestation sein, sondern eine Kampfhandlung, die unerläßliche Voraussetzung für die Anwendung der Taktik der Arbeiter im Straßenkampf. „Der Streik", hieß es, „ist unsere Repressalie. Er ist unbewaffneter Widerstand, den wir den fascistischen Gewalttaten entgegensetzen." Sie wußten sehr wohl, daß die Arbeiter sich aus den Gewerkschaftshäusern ihre Waffen holten. Das Klima des Streiks, dies drückende, heiße Klima, trieb die Arbeiter in den bewaffneten Kampf. Ihre Behauptung, unschuldige, wehrlose Opfer der fascistischen Gewalt zu sein, vom schwarzen Wolf zerrissene rote Lämmer, war ebenso lächerlich wie das tolstoische Bemühen mancher Fascisten liberalen Ursprungs, die nicht zugeben wollten, daß Mussolinis Anhänger jemals auch nur einen Schuß abgegeben, einen einzigen Hieb versetzt, einen einzigen Tropfen Rizinusöl eingeflößt hatten. Doch alles taktische Verhalten der Gewerkschaftsführer konnten nicht ungeschehen machen, daß es in den Reihen der Schwarzhemden Tote gab. Man darf nicht glauben, daß die Fascisten nicht schwere Rückschläge erlitten hätten. Manchmal ergriffen ganze Stadtviertel, Ortschaften, Landstriche die Waffen gegen sie. Der Generalstreik gab das Zeichen zum Aufstand. Die Schwarzhemden wurden in ihren Häusern angegriffen, Barrikaden türmten sich in den Straßen, Scharen von Arbeitern und Bauern, mit Gewehren und Handgranaten bewaffnet, besetzten die Dörfer, marschierten gegen die Städte, jagten Fascisten. Das Massaker in Sarzana ist ein ausreichender Beweis, daß die Arbeiter weniger feinfühlig waren als ihre Führer. Im Juli 1921 wurden in der Stadt Sarzana über 50 Fascisten niedergemacht, die Verwundeten wurden noch auf den Bahren, an der Schwelle der Krankenhäuser geschlachtet, etwa hundert andere, die sich durch Flucht auf die Felder zu retten suchten, wurden von bewaffneten Frauen mit Gabeln und Sicheln durch das Gehölz gejagt. Die Chronik des Bürgerkrieges in Italien in den Jahren 1920 und 1921, also die Chronik der Vorbereitung des fascistischen Staatsstreichs, ist voll von solchen Episoden wilder Gewalt.

Um die revolutionären Streiks und Aufstände der Arbeiter und Bauern zu beenden, die immer häufiger und schwerer wurden, bis sie ganze Landesteile lähmten, griffen die Fascisten zur Taktik der systematischen Besetzung. Von einem Tag auf den andern wurden fascistische Kampfgruppen an den im Mobilisierungsplan angewiesenen Punkten zusammengezogen. Tausende und Abertausende bewaffneter Männer, bisweilen fünfzehn- oder zwanzigtausend, ergossen sich über Städte, Orte, Dörfer, wurden mit der Bahn und auf Lastwagen rasch von einer Provinz in die andere geworfen. In wenigen Stunden war der ganze Landesteil besetzt und im Belagerungszustand. Alles, was von der sozialistischen und kommunistischen Organisation geblieben war, Camere del Lavoro, Gewerkschaftsbüros, Sportvereine, Zeitungen, Kooperativen, wurde aufgelöst, methodisch zerstört und zerschlagen. Die roten Garden, die keine Zeit zur Flucht gehabt hatten, wurden mit Rizinusöl behandelt, gestriegelt, gebügelt; zwei oder drei Tage hindurch arbeiteten die Knüppel auf Hunderten von Quadratkilometern. Ende 1921 hatte diese Taktik, die systematisch in immer größerem Maßstab angewandt wurde, der politischen und gewerkschaftlichen Organisation des Proletariats das Rückgrat gebrochen. Die Gefahr der roten Revolution war für immer abgewendet; der Staatsbürger Mussolini hatte sich um das Vaterland verdient gemacht. Nach Beendigung ihrer Mission, so glaubten die Bürger aller Parteien, könnten die Schwarzhemden schlafen gehen. Sie mußten sich bald davon überzeugen, daß der Sieg des Fascismus über die Arbeiter auch dem Staat das Rückgrat gebrochen hatte.

Die von Mussolini befolgte Taktik konnte nur von einem Marxisten konzipiert und durchgeführt werden. Man darf nie vergessen, daß Mussolinis Erziehung eine marxistische Erziehung ist. Worüber Lenin und Trotzki angesichts der revolutionären Situation Italiens teils lachten, teils sich empörten, war die Unfähigkeit der Kommunisten, ein so außergewöhnliches Zusammentreffen günstiger Umstände auszunutzen: die revolutionären Generalstreiks von 1919 und 1920, deren entscheidende Phase die Besetzung der Fabriken Norditaliens durch die Arbeiter war, hatten nicht einen einzigen Führer hervorgebracht, der fähig war, eine Handvoll

Männer zur Eroberung des Staates anzusetzen. Gestützt auf den Generalstreik, hätte sich jeder kleine Provinz-Trotzki des Staates bemächtigen können, ohne den König um Erlaubnis zu fragen.

Mussolini, der die Situation als Marxist beurteilte, glaubte nicht an die Erfolgsmöglichkeit eines Aufstands, der gegen die Kräfte der Regierung und gleichzeitig gegen die Kräfte des Proletariats hätte kämpfen müssen. Seine Verachtung für die sozialistischen und kommunistischen Führer, die sich nicht entschließen konnten, hinderte ihn nicht, alle jene zu verachten, die, wie d'Annunzio, die Regierung zu stürzen gedachten, ohne sich vorher des Bündnisses oder wenigstens der Neutralität der Arbeiterorganisationen zu versichern. Mussolini war nicht der Mann, der sich der tödlichen Gefahr eines Generalstreiks aussetzte. Er verkannte nicht, wie Gabriele, das Idol der Nation, die Rolle des Proletariats in dem revolutionären Spiel. Seine moderne Sensibilität, seine marxistische Auffassung der politischen und sozialen Probleme unserer Zeit ließen ihm keine Illusionen über die Möglichkeit, 1920 nationalistischen Blanquismus zu betreiben.

In der Taktik des fascistischen Staatsstreichs darf man nicht die Tatktik eines Reaktionärs sehen wollen. Musolini hat nichts von einem d'Annunzio, nichts von einem Kapp, einem Primo de Rivera oder einem Hitler. Als Marxist bewertete er die Kräfte des Proletariats und ihre Rolle in der revolutionären Situation von 1920, als Marxist kam er zu dem Ergebnis, daß vor allem die Gewerkschaften vernichtet werden mußten. auf die sich die Regierung bei der Verteidigung des Staates gestützt haben würde. Er fürchtete den Generalstreik: die Erfahrungen Kapps und Bauers waren für ihn nicht verloren gewesen. Die offiziellen Geschichtsschreiber des Fascismus erinnern, um zu beweisen, daß Mussolini kein Reaktionär ist, an sein Programm von 1919. Tatsächlich war das Programm von 1919, an das die große Mehrheit der Schwarzhemden ernsthaft glaubte – und die alte fascistische Garde ist dem Geist von 1919 treu geblieben –, ein republikanisches und demokratisches Programm. Aber nicht das Programm von 1919 beweist Mussolinis marxistische Erziehung, sondern die Konzeption der Taktik des fascistischen Staatsstreichs, die Logik, die Methode, der strenge „esprit de suite“ ihrer Durchführung. Wir werden bei Hitler sehen, was aus einer marxistisch gedachten Taktik bei Auslegung und Anwendung durch einen Reaktionär werden kann.

Alle diejenigen, die im Fascismus nichts weiter als eine Verteidigung des Staates gegen die kommunistische Gefahr, als eine einfache Reaktion auf die politischen und sozialen Errungenschaften des Proletariats sehen wollten, waren der Meinung, daß Mussolini Mitte 1921 seine Aufgabe erfüllt hatte, daß sein Spiel am Ende sei, und daß die Schwarzhemden „schlafen gehen könnten“. Aus völlig andern Erwägungen heraus war auch Giolitti seit März 1921 nach den Generalstreiks, die die gefährliche Stärke des Fascismus enthüllt hatten, zu dem gleichen Schluß gekommen. Der Bürgerkrieg hatte ein äußerstes Maß an Gewalttätigkeit erreicht, die Verluste waren auf beiden Seiten schwer gewesen; aber die blutigen Kämpfe, mit ihrer außerhalb der Chronik dieser roten Jahre beispiellosen Härte, hatten mit der Niederlage der proletarischen Kräfte geendet. Giolitti, der gegen den Fascismus auf die Gewerkschaften gesetzt hatte, stand nach dem plötzlichen Zusammenbruch der Arbeiterorganisationen schutzlos da: der Fascismus hatte die Schlacht gewonnen, ihn belebte jetzt ein aggressiver Geist, der nicht den geringsten Zweifel über seine Absichten ließ, und er war hervorragend gewaffnet für den Kampf gegen den Staat. Was konnte Giolitti dem Fascismus entgegenstellen? Die Rolle der Gewerkschaften bei der Verteidigung des Staates war ausgespielt. Die politischen Parteien, die die parlamentarische Mehrheit bildeten, waren ohnmächtig gegenüber einer bewaffneten Organisation, die auf dem Boden der Gewalt und der Illegalität operierte. Es blieb ihm keine andere Möglichkeit als zu versuchen, den Fascismus zu parlamentarisieren, die alte Taktik dieses Liberalen, der Italien in den vorausgegangenen dreißig Jahren das Beispiel einer parlamentarischen Diktatur im Dienste einer Monarchie ohne konstitutionelle Vorurteile gegeben hatte. Mussolini, dessen politisches Programm die revolutionäre Taktik keineswegs störte, gab zu diesem Spiel nur einen Finger der linken Hand. Bei den Wahlen im Mai 1921 erklärte sich der Fascismus bereit, sich jenem Nationalen Block anzuschließen, den Giolitti ersonnen hatte, um mit Hilfe des allgemeinen Stimmrechts die Armee der Schwarzhemden zu kompromittieren und zu korrumpieren.

Dieser Nationale Block war nicht ohne große Schwierigkeiten gebildet worden. Die konstitutionellen Parteien wollten nichts davon wissen, daß man sie auf dieselbe Stufe stellte wie eine bewaffnete Organisation, die ein republikanisches Programm hatte. Aber was Giolitti Sorgen bereitete, war nicht das mehr oder weniger republikanische und demokratische Programm, sondern das Ziel der fascistischen Taktik. Mussolinis Ziel war die Eroberung des Staates, wollte man den Fascismus vom Ziel seiner Taktik abbringen, dann mußte man dem Wähler sein Programm zur Entscheidung vorlegen. Giolitti, der nur mit schlechten Karten korrekt spielte, hatte dabei nicht mehr Glück als damals, als er die Karte der Rivalität zwischen Mussolini und d'Annunzio ausgespielt hatte. Weit entfernt davon, sich „parlamentarisieren" zu lassen, blieb der Fascismus seiner Taktik treu. Während die fascistischen Abgeordneten – nicht mehr als zwanzig –, die die Mai-Wahlen in die Kammer entsandt hatten, im Parlament daran arbeiteten, die aus dem Nationalen Block hervorgegangene Mehrheit zu zersetzen, wandten die Schwarzhemden gegen die republikanischen und gegen die katholischen Gewerkschaften die gleiche Gewalt an wie früher gegen die sozialistischen Gewerkschaften. Der Weg zur Eroberung des Staates führte durch ein Gelände, von dem alle organisierten Kräfte der Linken, der Mitte oder der Rechten hinweggefegt sein mußten, wenn sie der Regierung als Stütze dienen oder den Fascismus in der Schlußphase des Aufstands behindern oder ihm im entscheidenden Moment des Staatsstreichs die Kniekehle durchschneiden konnten. Man mußte nicht nur dem Generalstreik, sondern auch der Einheitsfront von Regierung, Parlament und Proletariat vorbeugen. Der Fascismus stand vor der Aufgabe, Leere um sich zu schaffen, reinen Tisch zu machen mit allen organisierten Kräften, politischen wie gewerkschaftlichen, proletarischen wie bürgerlichen. Zur großen Überraschung des reaktionären und des liberalen Bürgertums, das glaubte, der Fascismus habe sich erschöpft, und zur großen Freude der Arbeiter und Bauern wandten sich die Schwarzhemden, nachdem sie die republikanischen und katholischen Organisationen zerschlagen hatten, gegen die Liberalen, Demokraten, Freimaurer, Konservativen und sonstigen rechtdenkenden Bürger. Der Kampf gegen das Bürgertum war bei den Fascisten weit populärer als der Kampf gegen das Proletariat. Mussolinis Stoßtrupps bestanden zum großen Teil aus Arbeitern, Handwerkern und Bauern. Und der Kampf gegen die Bourgeoisie war bereits der Kampf gegen die Regierung, gegen den Staat. Die gleichen Liberalen, Demokraten und Konservativen, die sich beeilt hatten, die Fascisten in den Nationalen Block einzubeziehen, Mussolini ins Pantheon der „Retter des Vaterlands“ zu stellen – Italien ist seit fünfzig Jahren voll von „Rettern des Vater-

landes“: was zuerst eine Mission war, ist beinahe ein öffentlicher Beruf geworden; in einem Lande, das so oft gerette wird, darf das nicht wunder nehmen–, konnten sich nicht damit abfinden, daß Mussolinis Ziel nicht war, nach den Regeln der Tradition Italien zu retten, sondern sich des Staates zu bemächtigen: ein viel ernster gemeintes Programm als das von 1919. Plötzlich erschien diesem liberalen und reaktionären Bürgertum nichts illegaler, nichts unannehmbarer als diese fascistische Gewalt, der man so sehr applaudiert hatte, als sie sich gegen die proletarischen Organisationen richtete. Wer hätte gedacht, daß Mussolini, der ein so guter Patriot war, als er den Kampf gegen Kommunisten, Sozialisten und Republikaner führte, von heute auf morgen ein gefährlicher Mensch werden könnte, ein Ehrgeiziger ohne bürgerliche Vorurteile, ein Catilinarier, entschlossen, den Staat für sich zu erobern, selbst gegen den König und gegen das Parlament?
Es war Giolittis Schuld, wenn der Fascismus eine Gefahr für den Staat geworden war. Man mußte ihn bei Zeiten abwürgen, ihn von Anfang an verbieten, ihn mit den Waffen vernichten, wie man d'Annunzio unschädlich gemacht hatte. Diese Art von „nationalistischem Bolschewismus“ sah sich sehr viel gefährlicher an als der Bolschewismus nach russischer Manier, von dem das Bürgertum jetzt leicht behaupten konnte, daß es ihn nicht mehr fürchtete. Ob die Regierung Bonomi die Fehler der Regierung Giolitti gutmachen konnte? Für Bonomi, einen alten Sozialisten, war der Fascismus nur ein Polizeiproblem. Zwischen diesem Marxisten, der die reaktionäre Taktik der Polizei und damit den Fascismus zu erwürgen suchte, ehe dieser so weit war, sich des Staates zu bemächtigen, und Mussolini, dessen Ziel war, Zeit zu gewinnen, entspann sich in den letzten Monaten des Jahres 1921 ein erbarmungsloser Kampf der Verfolgungen, Gewalttaten und blutigen Konflikte. Obwohl

es Bonomi gelang, gegen die Schwarzhemden die Einheitsfront des Bürgertums und des Proletariats zusammenzubringen (die Arbeiter, von der Regierung gestützt, machten große Anstrengungen, ihre Klassen-Organisation wiederaufzubauen), entwickelte sich Mussolinis Taktik systematisch weiter. Nachdem ein Waffenstillstand zwischen Fascisten und Sozialisten gescheitert war, hatte der Mangel an Mut und Weitblick der bürgerlichen Parteien, ihr skrupelloser Egoismus, der der Gewalt der Schwarzhemden einen grobschlächtigen, redseligen patriotischen Machiavellismus entgegensetzte, nichts anderes vermocht als das Heer der Arbeiter zu demoralisieren. Der Beginn des Jahres 1922 zeigte ein trauriges, düsteres Panorama: der Fascismus hatte sich mit methodischer Gewalt nach und nach aller Nervenzentren des Landes bemächtigt, das Netz seiner politischen, militärischen und gewerkschaftlichen Organisation überzog ganz Italien. Bonomi lag in einer Wolke von Schutt unter den Trümmern der politischen und gewerkschaftlichen, bürgerlichen und proletarischen Welt begraben. Der Staat, in Rom vom Fascismus belagert, der das ganze Land besetzt hielt, war den Schwarzhemden ausgeliefert. Seine zerbröckelte Autorität überlebte nur auf einigen hundert Inselchen, in Präfekturen, Rathäusern, Polizeikasernen, die durch die steigende Flut der Revolution abgeschnitten waren. Zwischen dem König und der Regierung schlich sich die Angst vor der Verantwortung ein; diese Kluft wurde immer breiter, ein altes Übel konstitutioneller Monarchien: der König stützte sich auf die Armee und den Senat, die Regierung auf die Polizei und das Parlament, was sofort das Mißtrauen des liberalen Bürgertums und der Arbeiter wachrief.

Als Mussolini im Sommer 1922 dem Land ankündigte, der Fascismus sei bereit, die Macht zu übernehmen, versuchte die Regierung mit einer letzten Anstrengung, dem Aufstand zuvorzukommen und die fascistische Einkreisung durch eine Auflehnung der Arbeiter und Bauern aufzubrechen. Der Generalstreik brach im August aus, auf Befehl einer Art von Wohlfahrtsausschuß, der die demokratische, die sozialistische und die republikanische Partei und den sozialistischen Gewerkschaftsbund umfaßte. Das war, was man den „legalitären Streik" nannte, die letzte Schlacht, die die Verteidiger der Freiheit, der Demokratie, der Legalität und des Staates der Armee der Schwarzhemden am Vorabend des Aufstandes lieferten. Mussolini gelang es schließlich, den gefährlichsten Gegner, den einzigen zu fürchtenden Gegner des fascistischen Staatsstreichs, zu zerschmettern, den Generalstreik, der seit drei Jahren jeden Augenblick die Revolution zu zerschlagen drohte, den konterrevolutionären Streik, den er seit drei Jahren durch systematisches Niederringen der Gewerkschaften bekämpfte. Die Regierung und das liberale und reaktionäre Bürgertum, die gegen den Fascismus die Gegenrevolution der Arbeiter entfesselten, rechneten damit, den Elan der Schwarzhemden zu brechen und noch für einige Zeit die Gefahr der revolutionären Eroberung der Macht vom Staate abzuwenden. Doch während die Teams fascistischer Techniker und Facharbeiter die Streikenden in den öffentlichen Betrieben ersetzten, zerhämmerten die Gewalttaten der Schwarzhemden in vierundzwanzig Stunden das Heer der Staatsverteidiger, das sich unter der roten Fahne des Sozialistischen Gewerkschaftsbundes gesammelt hatte. Nicht im Oktober, sondern im August hat der Fascismus den entscheidenden Sieg davongetragen. Nach dem Fehlschlag des „legalitären Streiks" behielt Ministerpräsident Facta, ein schwacher, ehrenhafter und loyaler Mann, seinen Posten nur, um den König zu decken.

Obwohl das Programm des Fascismus, das Programm

von 1919, an das die Schwarzhemden der alten Garde ehrlich glaubten, republikanisch war, hatte der König die Loyalität der Regierung Facta nicht nötig: am Vorabend des Staatsstreich verleugnete Mussolini plötzlich sein republikanisches Programm und gab das Zeichen zum Aufstand unter dem Ruf: „Es lebe der König!“ Der fascistische Staatsstreich hatte nichts von jenem theatralischen Charakter an sich, den einige an Redesucht, Rhetorik und Literatur erkrankte offizielle Plutarche ihm verliehen haben. Keine großen Worte, keine dekorativen Posen, keine Gesten à la Caesar, à la Cromwell oder à la Bonaparte. Die Schwarzhemdenlegionen, die auf die Hauptstadt marschierten, waren glücklicherweise keine Legionen, die aus Gallien zurückkehrten, und Mussolini trug keine Toga. Geschichte schreibt man nicht anhand von Öldrucken oder von Gemälden der Hofmaler. Es ist schwer, sich vorzustellen, wie der von David gemalte Napoleon einen so klaren, so präzisen, so modernen Geist besitzen konnte, der ihn zu einem Mann machte, der sich von dem von David gemalten oder von Canova gemeißelten Napoleon ebenso unterschied wie Mussolini von einem Gaius Julius Caesar oder von einem Bartolomeo Colleoni. Auf gewissen Öldrucken spazieren die Schwarzhemden beim Oktoberaufstand 1922 durch ein ganz mit Titusbogen, Grabmälern, Mausoleen, Säulenhallen und Statuen dekoriertes Italien, unter einem von Adlern bevölkerten Himmel, als ob der fascistische Staatsstreich das Italien Ovids und Vergils als Bühne gehabt hätte,mit römischen Legionären als Hauptdarstellern und Jupiter als Regisseur, der sich bemüht, bei seiner klassizistischen Inszenierung die äußeren Formen der Verfassung zu wahren. Andere Bilder wieder zeigen einen romantischen Mussolini, der sich in eine klassizistische Landschaft verirrt hat: zu Pferde oder zu Fuß an der Spitze der fascistischen Legionen, umgeben von seinen Quadrumvirn des Revolutionskomitees: vor diesem Hintergrunde der verfallenen Aquädukte, in dieser ernsten und schicksalsvollen römischen Campagna scheint Mussolini aus einem Bilde von Poussin, aus einer Elegie Goethes, einem Drama von Pietro Cossa, einem Vers von Carducci oder d'Annunzio herauszutreten, scheinen seine Hosentaschen mit den Büchern Nietzsches vollgestopft zu sein. Vor diesen Bildern des fascistischen Staatsstreichs wundert man sich, daß Mussolini die Regierung Facta stürzen und die Macht ergreifen konnte.

Aber der Mussolini vom Oktober 1922 ist nicht der der Öldrucke: er ist ein moderner, kalter und kühner, gewalttätiger und rechnender Mensch. Entsprechend seiner Konzeption der revolutionären Taktik ist der Plan für den Staatsstreich bis in die kleinsten Einzelheiten ausgearbeitet. Am Vorabend des Aufstands sind alle Gegner des Fascismus, die Gewerkschaften, die Kommunisten, die sozialistische, republikanische, katholische, demokratische und liberale Partei außer Gefecht gesetzt. Der Generalstreik war im August endgültig abgewürgt und ungefährlich geworden: die Arbeiter werden nicht wagen, die Arbeit zu verlassen und auf die Straße zu gehen. Die blutigen Repressalien, die den „legalitären Streik" erstickten, hatten den Kampfgeist des Proletariats für immer gebrochen. Als Mussolini in Mailand die schwarze Fahne des Aufstands erhebt, bemächtigen sich die fascistischen Teams der Techniker und Facharbeiter blitzschnell aller strategischen Schaltstellen des Staates. In vierundzwanzig Stunden ist ganz Italien von 200 000 Schwarzhemden militärisch besetzt. Die Kräfte der Polizei und der Carabinieri genügen nicht, um die Ordnung im Lande wieder herzustellen. Überall, wo die Polizei versucht, die Schwarzhemden aus ihren Stellungen zu vertreiben, scheitern ihre Angriffe im Feuer der fascistischen Maschinengewehre. Von Perugia aus, dem Hauptquartier der Revolution, dirigieren die Mitglieder des Quadrumvirats, des Revolutionskomitees, Bianchi, Balbo, de Vecchi und de Bono, die Aufstandsaktion nach dem von Mussolini in allen Einzelheiten festgelegten Plan. 50 000 Mann werden in der römischen Campagna konzentriert, um auf die Hauptstadt zu marschieren: unter dem Ruf: „Es lebe der König", beginnt die Armee der Schwarzhemden Rom zu belagern: und in Rom wird nicht nur die Regierung belagert, sondern auch der König. Obgleich Mussolinis Loyalität, auf zweihunderttausend Gewehre gestützt, noch keine Zeit gehabt hatte, zu reifen, muß ein konstitutioneller König ihr dennoch vor der Loyalität einer waffenlosen Regierung den Vorzug geben. Als der Ministerrat beschließt, das Dekret über die Verhängung des Belagerungszustands in ganz Italien dem König zur Unterschrift vorzulegen, weigerte sich der König, wie es scheint, zu unterzeichnen. Man weiß nicht genau, was vor sich gegangen ist; sicher ist nur, daß der Belagerungszustand proklamiert wurde, aber nur einen halben Tag dauerte. Zu kurz, falls der König das Dekret unterzeichnet haben sollte, zu lange, wenn zutrifft, daß er es nicht unterzeichnet hat.

Durch die in drei Jahren blutigen Kampfes systematisch angewandte revolutionäre Taktik hatte sich der Fascismus lange vor dem Einzug der Schwarzhemden in die Hauptstadt des Staates bemächtigt. Der Aufstand beseitigte nur noch die Regierung. Nichts, weder der Belagerungszustand, noch eine „Ächtung" Mussolinis noch bewaffneter Widerstand hätten 1922 den fascistischen Staatsstreich zum Scheitern bringen können. „Ich verdanke Mussolini die Erkenntnis", sagte Giolitti, „daß ein Staat sich nicht gegen das Programm einer Revolution verteidigen muß, sondern gegen ihre Taktik." Und lächelnd gestand er seine Unfähigkeit ein, aus dieser Erkenntnis die Nutzanwendung zu ziehen.

DIKTATOR AUS VERSEHEN: HITLER

Deutschland ist nicht Italien, pflegen alle, die nicht an eine hitlersche Gefahr glauben wollen, ironisch zu sagen. Richtiger wäre es zu sagen, daß die Taktik Hitlers nicht die Taktik Mussolinis ist. Als ich vor kurzem in Deutschland war, um mir aus der Nähe darüber Rechenschaft zu geben, was man die hitlersche Gefahr nennt, wurde ich immer wieder gefragt, ob Hitler als der deutsche Mussolini anzusehen ist. Ich habe Heinrich Simon, dem Chefredakteur der „Frankfurter Zeitung", der mir ebenfalls diese Frage stellte, geantwortet, daß das Italien der Jahre 1919 bis 1922 und auch später noch einen Hitler nicht geduldet hätte. Meine Antwort schien Herrn Simon zu wundern, und er ließ das Thema fallen. Hitler ist eigentlich nur ein Zerrbild Mussolinis. Wie die gewissen italienischen Plutarche, die an Rhetorik und Literatur als Krankheit leiden, und wie die Nationalisten fast aller europäischen Länder, sieht Hitler in Mussolini nur eine Art Caesar in Frack und Zylinder, der zuviel Nietzsche oder Barrès gelesen hat, der sich für die Ideen Fords und für das Taylorsystem interessiert und sich für eine industrielle, politische und moralische Standardisierung einsetzt. Dieser feiste und hochmütige Österreicher mit harten und mißtrauischen Augen, mit Bartfliege auf der dünnen, kurzen Oberlippe, mit zähen Ambitionen und zynischen Plänen, mag eine gewisse Vorliebe für die Herren des alten Rom und für die Kultur der italienischen Renaissance haben, ist aber doch nicht so bar allen Verständnisses für das Lächerliche, um nicht einzusehen, daß das Deutschland von Weimar nicht die Beute eines oberösterreichischen Kleinbürgers im Gewande eines Sulla, eines Caesar oder eines Condottiere sein kann. Mag er auch von jener Art Ästhetizismus, der für die Diktaturträumer charakteristisch ist, angesteckt sein, so kann man doch nicht glauben, daß er, wie einige seiner Gegner behaupten, in den Münchener Museen die Büsten der Condottieri der Renaissance zu umarmen pflegt. Man muß gerecht gegen ihn sein; er möchte Mussolini nachahmen, aber wie ein Mann des Nordens, ein Deutscher, glaubt, einen Mann des Südens, einen Lateiner, nachzunahmen. Er glaubt an die Möglichkeit, Mussolini zu modernisieren, indem er ihn ins Deutsche überträgt, womit sich noch nicht einmal ein Klassizismus ironisieren ließe. Sein idealer Held ist ein Caesar in Tirolertracht. Man wundert sich, daß das Klima des Deutschlands von Weimar so günstig für ein Zerrbild Mussolinis sein soll, das sogar das italienische Volk erheitern würde.

So wenig Ähnlichkeit er mit der von Wildt gemeißelten Büste des Duce hat – eine Art römischer Imperator, mit den geweihten Binden des Pontifex Maximus um die Stirn – oder mit dem Reiterstandbild Mussolinis von Graziosi im Stadion von Bologna (ein Gentleman des XV. Jahrhunderts, der zu steif zu Pferde sitzt, um wie ein wohlerzogener Heros auszusehen), so wenig gleicht Hitler, ein Österreicher aus Braunau, dem Bild, das uns einige seiner Gegner von ihm zeichnen wollen.

„Hitler", schreibt Friedrich Hirth, der ein zu großer Bewunderer Stresemanns ist, um dem Führer der Nationalsozialisten gerecht werden zu können, „ist in seiner körperlichen Erscheinung ein durchschnittlicher Bayer oder Oberösterreicher. Sein Typ ist der aller Männer dieser Landstriche. Man braucht nur irgendein Geschäft oder Café in Braunau oder Linz, Passau oder Landshut zu betreten, um festzustellen, daß alle Verkäufer oder Kellner wie Hitler aussehen." Nach Ansicht seiner Gegner besteht das Geheimnis des persönlichen Erfolges eines Mannes, den man nicht für irgendeinen Kommis oder Kellner aus Braunau oder Landshut zu halten braucht, der aber doch alle physischen Züge der geistigen Mittelmäßigkeit des deutschen

Bürgers besitzt, in nichts anderem als in seiner Rednergabe: seiner starken und männlichen Beredsamkeit.
Man darf es Hitler nicht zum Vorwurf machen, daß es ihm gelungen ist, Hunderttausenden von vernunftbegabten Männern, die sich aus den Reihen der ehemaligen Kriegsteilnehmer mit ihren durch vier Kriegsjahre verhärteten Herzen rekrutieren, lediglich durch seine Rednergabe eine eiserne Disziplin aufzuzwingen. Es wäre ungerecht, ihn zu tadeln, weil es ihm gelang, sechs Millionen Wähler zu überreden, für ein soziales, politisches und wirtschaftliches Programm zu stimmen, das gleichfalls ein Teil seiner rednerischen Begabung ist. Denn es handelt sich nicht darum festzustellen, ob das Geheimnis seines persönlichen Erfolges in seinen Worten oder seinem Programm liegt. Man beurteilt Catilinarier weder nach ihrer Beredsamkeit noch nach ihrem Programm, sondern nach ihrer revolutionären Taktik. Es handelt sich darum festzustellen, ob das Deutschland von Weimar wirklich von einem hitlerschen Staatsstreich bedroht ist, und das heißt, welches die revolutionäre Taktik dieses allzu beredten Catilina ist, der sich des Reiches bemächtigen und dem deutschen Volk seine persönliche Diktatur aufzwingen will.
Die Kampforganisation der NSDAP ist der revolutionären Organisation des Fascismus von 1919 bis 1922, der Jahre vor dem Staatsstreich, nachgebildet. Das Netz der hitlerschen Zellen, dessen Zentrum München ist, erstreckt sich von Stadt zu Stadt über das ganze deutsche Staatsgebiet. Die nationalsozialistischen Stoßtrupps, die Sturmabteilungen, die sich aus ehemaligen Soldaten rekrutieren und militärisch organisiert sind, bilden das Gerüst der Partei für den Umsturz und könnten, in den Händen eines Führers, der sich ihrer zu bedienen verstünde, eine ernste Gefahr für das Reich darstellen. Von einstigen Offizieren des Kaiserreichs gedrillt, mit Revolvern, Handgranaten und

Totschlägern bewaffnet (Munitions- und Waffenlager befinden sich in Bayern, im Rheinland und längs der Ostgrenzen), sind sie eine gut ausgerüstete und für die Aufstandstaktik geschulte militärische Organisation. Eiserner Disziplin unterworfen, dem tyrannischen Willen ihres Führers ausgeliefert, der sich für unfehlbar erklärt und innerhalb der Partei eine unerbittliche Diktatur ausübt, sind die hitlerischen Sturmtruppen nicht das Heer der nationalen Revolution der Deutschen, sondern das blinde Instrument der Ambitionen Hitlers.

Diese Veteranen des Weltkriegs, die davon träumten, zur Eroberung des Reiches auszuziehen und sich unter den Hakenkreuzfahnen für die Freiheit des deutschen Vaterlandes zu schlagen, sehen sich darauf beschränkt, den ehrgeizigen Plänen und persönlichen Interessen eines beredten und zynischen Politikers zu dienen, der unter Revolution nichts anderes versteht als die übliche Vorstadt-Rauferei mit kommunistischen Rotgardisten, als eine endlose Reihe ruhmloser Zusammenstöße mit Arbeitern im Sonntagsstaat oder halbverhungerten Arbeitslosen, als eine Eroberung des Reiches durch Parlamentswahlen mit Unterstützung durch gelegentliche Schußwechsel in den Arbeitervierteln der Großstädte.

In Königsberg, Dresden, Stuttgart, Frankfurt, Köln, Düsseldorf, Essen haben Offiziere der hitlerschen Sturmabteilungen mir gestanden, daß sie sich zum Rang von Prätorianern eines aufständischen Parteiführers erniedrigt fühlen, der sich darin übt, gegen seine eigenen Anhänger die Polizeimaßnahmen anzuwenden, deren er sich eines Tages bedienen müßte, um seine persönliche Diktatur dem deutschen Volk aufzuzwingen. In der nationalsozialistischen Partei werden Gewissensfreiheit, persönliche Würde, Intelligenz, Kultur mit dem stupiden und brutalen Haß verfolgt, der Diktatoren dritten Ranges kennzeichnet. Obgleich Österreicher, hat Hitler nicht genügend Geist, um zu verstehen, daß gewisse

Formeln der einstigen Disziplin der Jesuiten jetzt sogar in der Gesellschaft Jesu veraltet sind und daß es gefährlich ist, sie in einer Partei anwenden zu wollen, deren Programm der Kampf für die nationale Freiheit des deutschen Volkes ist. Schlachten im Namen der Freiheit gewinnt man nicht mit Soldaten, die gewöhnt sind, die Augen niederzuschlagen. Aber Hitler erniedrigt seine Anhänger nicht nur durch Polizeimethoden, durch Denunziantentum und Heuchelei, sondern auch mit seiner Taktik der Machtergreifung. Seit Stresemanns Tod sind zwar Hitlers Reden immer heldischer und drohender geworden, aber seine Umsturztaktik hat sich nach und nach auf eine parlamentarische Lösung des Problems der Eroberung des Staates umgestellt. Die ersten Symptome dieser Entwicklung zeigten sich schon 1923. Nach dem mißglückten Staatsstreich von Hitler, Kahr und Ludendorff in München verlagert sich die ganze revolutionäre Gewalt Hitlers in seine Reden. Die nationalsozialistischen Stoßtrupps werden nach und nach zu Verteilern von Flugschriften ihres Thronprätendenten. Ihr Führer zeigt sich in zunehmendem Maße der Gewalt abgeneigt. Schüsse tun seinen Ohren weh.

Doch erst nach dem Tode Stresemanns hat die innere Krise der Hitler-Partei begonnen. Dieser große Gegner hatte Hitler zwingen können, die Karten auf den Tisch zu legen, im revolutionären Spiel nicht zu betrügen. Stresemann hatte keine Furcht vor Hitler; er war ein friedliebender Mann, aber mit einem gewissen Verständnis für Methoden der Gewalt. In einer Rede, die er am 23. August 1923 auf der Tagung eines Industriellen-Verbandes hielt, erklärte Stresemann, daß er nicht zögern werde, zu diktatorischen Maßnahmen zu greifen, wenn es die Umstände verlangten. Damals waren Hitlers Sturmabteilungen noch nicht zu Prospektverteilern geworden, waren sie noch keine Organisation von Prätorianern im Dienste eines redegewaltigen Opportu-

nisten; sie waren damals eine revolutionäre Armee, die glaubte, sich für die Freiheit des Vaterlandes zu schlagen. Der Tod Stresemanns hat Hitler erlaubt, die Taktik der Gewalt aufzugeben, was den Einfluß der Sturmabteilungen innerhalb der Partei verringert hat. Die Sturmabteilungen wurden zum Feind. Die Extremisten seiner Partei machen Hitler Sorge. Die Taktik der Gewalt ist ihre Stärke. Wehe Hitler, wenn seine Sturmabteilungen zu stark werden: das wäre vielleicht der Staatsstreich, aber bestimmt nicht die Diktatur Hitlers.
Für einen bewaffneten Aufstand fehlt nicht die Armee, sondern der Führer. Die Sturmabteilungen, die gestern noch glaubten, sich für die Eroberung des Reiches zu schlagen, beginnen zu erkennen, daß man sich des Staates nicht dadurch bemächtigt, daß man mit kommunistischen Arbeitern Knüppelhiebe und Revolverschüsse wechselt. Die Meutereien, die seit kurzem bei den Nationalsozialisten vorkommen, entspringen nicht, wie Hitler behauptet, dem enttäuschten Ehrgeiz einiger Unterführer, sondern der Unzufriedenheit der Sturmabteilungen mit der Unzulänglichkeit Hitlers, der sich immer unfähiger erweist, das Problem der Eroberung der Macht auf den Boden der Revolution zu verlagern.
Haben die Extremisten vielleicht unrecht, wenn sie Hitler für einen falschen Revolutionär halten, für einen Opportunisten, einen „Advokaten“, der glaubt, mit Reden, militärischen Paraden, Drohungen und parlamentarischen Erpressungen Revolution zu machen? Seit dem aufsehenerregenden Wahlerfolg, der über hundert nationalsozialistische Abgeordnete in den Reichstag brachte, tritt die interne Opposition gegen Hitlers opportunistische Taktik immer offener für die Lösung des Problems der Staateroberung durch den Aufstand ein. Man beschuldigt Hitler, daß er nicht den Mut hat, sich den Gefahren einer revolutionären Taktik auszusetzen, daß er sich vor der Revolution fürchtet. Ein

Sturmabteilungsführer sagte mir in München, Hitler sei ein Caesar, der nicht schwimmen kann, am Ufer eines Rubicon, der zu tief ist, um ihn durchwaten zu können. Man kann Hitlers Brutalität gegen seine Anhänger nur durch seine Furcht erklären, die Extremisten, die Sturmabteilungen, die Heißsporne, könnten ihn gegen seinen Willen auf den Weg des Aufstands stoßen. Er scheint von der Sorge beherrscht, sich gegen den extremistischen Flügel seiner Partei zu schützen, seine Sturmabteilungen zu bändigen, sie zu einem gefügigen Werkzeug seines Willens zu machen. Wie alle Catilinarier, die zwischen Kompromiß und Aktion schwanken, ist Hitler gezwungen, von Zeit zu Zeit den Extremisten Zugeständnisse zu machen, wie den Auszug der nationalsozialistischen Abgeordneten aus dem Reichstag, aber solche Zugeständnisse lassen ihn nie das Ziel seines Opportunismus, die legale Machtergreifung, aus dem Auge verlieren. Sicherlich, durch den Verzicht auf Gewalt, auf die direkte Aktion, auf den bewaffneten Kampf zur Eroberung des Staates entfernt er sich immer mehr vom revolutionären Geist seiner Anhänger; sicherlich, alles, was der Nationalsozialismus auf parlamentarischem Gelände gewinnt, verliert er auf revolutionärem Gelände. Hitler weiß aber, daß er sich auf diese Weise die Sympathien immer größerer Wählermassen sichert und für sein politisches Programm die Zustimmung der großen Mehrheit der Kleinbürger gewinnt, die er braucht, um die gefährliche Rolle eines Catilina aufzugeben und die ungefährlichere eines plebiszitären Diktators zu übernehmen.

Tatsächlich könnte man die gegenwärtige Krise im Nationalsozialismus als Krise einer „Sozialdemokratisierung“ bezeichnen. Es ist eine langsame Entwicklung zur Legalität, zu den legalen Formen und Methoden des politischen Kampfes: der Nationalsozialismus ist eine revolutionäre Armee, die im Begriff ist, eine mäch-

tige Wählerorganisation zu werden, eine Art Nationaler Block, der den Knüppel als eine seiner Jugendsünden ansieht, als eine der Sünden, die zwar einen schlechten Ruf verschaffen, aber Vernunftehen nicht im Wege stehen. Er ist die Heilsarmee des deutschen Patriotismus, die keinen würdigeren Führer haben könnte als Hitler. Im Grunde nehmen die deutschen Patrioten, wenn sie schon Mussolini nicht ernst nehmen können, sein Zerrbild ernst. Es ist eine alte Geschichte, daß in Deutschland die Patrioten nur die Karikatur der guten Deutschen sind.
Eine der Konzessionen, die Hitler in letzter Zeit den Extremisten seiner Partei gemacht hat, ist die Schaffung einer Schule in München zur Ausbildung der Sturmabteilungen in der Taktik des Aufstands. Aber worin besteht Hitlers Taktik des Aufstands? Der Führer der Nationalsozialisten sieht das Problem der Eroberung des Staates nicht, wie ein Marxist es sehen würde. Er scheint zu übersehen, welche Bedeutung den Gewerkschaften bei der Verteidigung des Staates zukommt. Er beurteilt deren Rolle nicht als Marxist oder einfach als Revolutionär, sondern als Reaktionär. Anstatt die gewerkschaftlichen Organisationen zu bekämpfen, schlägt er auf die Arbeiter ein. Seine Kommunistenjagd ist nur eine Arbeiterjagd. Die von den Schwarzhemden Mussolinis gegen die Arbeiterorganisationen angewandte Taktik der Gewalt war durch die Notwendigkeit gerechtfertigt, reinen Tisch mit allen organisierten politischen oder gewerkschaftlichen, proletarischen oder bürgerlichen Kräften zu machen, um damit dem Generalstreik zuvorzukommen und die Einheitsfront der Regierung, des Parlaments und des Proletariats zu brechen. Aber nichts rechtfertigt den stupiden und kriminellen Haß der Hitlerianer gegen die Arbeiter als Arbeiter. Die Verfolgung der Arbeiter hat die reaktionären Parteien, die sich eines demokratischen Staates bemächtigen wollen, nie auch nur einen Schritt auf dem

Weg des Aufstands vorangebracht. Hitler müßte den Kampf gegen die Gewerkschaften gründlich und systematisch führen, wenn er seine Partei von dem Druck der organisierten Massen befreien will. Die Verteidigung des Staates ist nicht nur der Reichswehr und der Polizei anvertraut: die Taktik der Reichsregierung muß darin bestehen, den Sturmabteilungen Hitlers die bewaffneten Massen der kommunistischen roten Garden und der Gewerkschaften entgegenzustellen. Das Verteidigungsinstrument des Reichs gegen die hitlersche Gefahr ist der Streik. Der Opportunismus Hitlers ist der Taktik des Streiks auf Gnade und Ungnade ausgeliefert, da sie den Lebensnerv des gleichen Bürgertums trifft, aus dem Hitler seine Wähler holt. Durch die Taktik des Streiks, dieser Keulenschläge in den Rücken der nationalsozialistischen Sturmabteilungen hat das deutsche Proletariat Hitler dazu gezwungen, die fascistische Taktik des Kampfes gegen die Gewerkschaften aufzugeben und aus seiner Aufstandsarmee, einem prachtvollen Werkzeug zur Eroberung des Staates, eine Art freiwilliger Polizei für den Kleinkrieg in den Arbeitervierteln gegen die Kommunisten zu machen. Dieser Kleinkrieg ist oft nur eine Jagd auf die Arbeiter als Arbeiter: das ist alles, was von Mussolinis revolutionärer Taktik übrigbleibt, wenn ein Reaktionär sie anwendet. Man muß gerecht gegen Hitler sein: auf ihn hat nur Einfluß, was seine Opportunistenpolitik bedroht. Die Bemühung, den Einfluß der Sturmabteilungen innerhalb der Partei einzuschränken, indem er der politischen Reichweite ihrer revolutionären Aufgabe engere Grenzen zog, war nicht allein dafür entscheidend, daß er, nach einigen gescheiterten Versuchen, Mussolinis Taktik gegen die Gewerkschaften aufgab. Er weiß, daß die unvermeidliche Reaktion des Proletariats, der Generalstreik, die Lähmung des Wirtschaftslebens, zuallererst die Interessen seiner Wählermassen treffen würde. Und er will die Gunst des Bürgertums, das unentbehrliche Element seiner Wahlstrategie, nicht verlieren. Die Eroberung des Staates ist für ihn nur durch die Eroberung des Reichstags vorstellbar. Mit der gewaltigen Macht der gewerkschaftlichen Kräfte des Proletariats, die ihm den Weg des Aufstands versperren, will er nicht zusammenprallen. Er will der Reichsregierung und dem Proletariat den entscheidenden Kampf um die Macht auf dem Feld der Wahlen, auf dem Boden der Legalität liefern. Den sinnlosen Kleinkrieg, der jeden Sonntag in den Arbeitervierteln der Großstädte Deutschlands die hitlerschen Sturmabteilungen, die jetzt Gefangene einer Masse von sechs Millionen nationalsozialistischer Wähler sind, mit den bewaffneten Gruppen der Rotgardisten zusammenstoßen läßt, paßt ins Spiel der Sozialdemokratie wie in das der Reichsregierung, der nationalsozialistischen Wählermassen und der Rechtsparteien. Jemand muß ja die Kommunisten Zurückhaltung und Bescheidenheit lehren. Aber ist Hitler sicher, daß seine Kampfgruppen sich lange Zeit zufriedengeben werden, auf ihre revolutionäre Rolle zu verzichten und der antibolschewistischen Reaktion in Deutschland als Werkzeug zu dienen? Sie beugen den Rücken unter Hitlers zynische und brutale Diktatur nicht, um gegen die kommunistischen Gruppen nur zum Nutzen aller derer zu marschieren, die sich vor der bolschewistischen Gefahr fürchten, also zum Nutzen eines vaterländisch gesinnten Bürgertums und der Sozialdemokratie. Sie wollen gegen die Reichsregierung, gegen das Parlament, gegen die Sozialdemokratie, gegen die Gewerkschaften marschieren, gegen alle Kräfte, die dem Aufstand im Wege stehen. Ihre revolutionäre Taktik bezweckt nicht einen Wahlsieg, sondern den Staatsstreich. Und wenn selbst Hitler ... Trotz seiner lärmenden Wahlerfolge ist Hitler noch weit davon entfernt, das Deutschland Weimars in der geballten Hand zu haben. Die Kräfte des Proletariats sind noch intakt: dieses riesige Arbeiterheer, der einzige gefährliche Feind der nationalsozialistischen Revolution, ist stärker als je, bereit, die Freiheit des deutschen Volkes bis zuletzt zu verteidigen. Nur Maschinengewehre können, noch, dem hitlerschen Ansturm einen Weg bahnen. Morgen wird es vielleicht zu spät sein.

Worauf wartet Hitler, um seinen gefährlichen Opportunismus aufzugeben? Bis die nationalsozialistische Revolution Gefangene des Parlaments ist? Er fürchtet, außer Gesetz gestellt zu werden. Nicht als Sulla, nicht als Caesar, nicht als Cromwell, Bonaparte oder Lenin bietet sich diese Karikatur Mussolinis als Befreier des deutschen Vaterlandes an, sondern als Verteidiger des Gesetzes, als Wiederhersteller der nationalen Tradition, als Diener des Staates. Man muß der Bürgerlichkeit der Diktatoren immer mißtrauen. Die Zukunft dieser Art bürgerlicher Helden ist nicht geeignet, ihre revolutionäre Vergangenheit zu verklären. „Hitler", würde Giolitti sagen, „ist ein Mann, der eine große Zukunft hinter sich hat." Wie viele verlorene Gelegenheiten! Wie oft hätte er sich des Staates bemächtigen können, wenn er verstanden hätte, günstige Umstände auszunutzen! Trotz seiner Redegewalt, seiner Wahlerfolge, seiner Aufstandsarmee, trotz des unbestreitbaren Prestiges seines Namens und trotz der Legenden, die sich um seine Figur als Agitator, Massenführer, gewalttätiger und skrupelloser Catilinarier gebildet haben, trotz der Leidenschaften, die er um sich erweckt, und trotz seiner gefährlichen Verführungskraft für die Phantastik und Abenteuerlust der deutschen Jugend ist Hitler ein mißglückter Caesar. In Moskau hörte ich von einem Bolschewisten, einem der wichtigsten Gehilfen Trotzkis beim Oktoberaufstand 1917, ein sonderbares Urteil über Hitler: „Er hat alle Fehler und sonstigen Eigenschaften Kerenskis. Auch ist er, wie Kerenski, ein Weib."

Hitler hat in Wirklichkeit einen sehr weiblichen Charakter: seine Intelligenz, seine Ambitionen, selbst sein Wille haben nichts Männliches an sich. Er ist ein schwacher Mensch, der sich in Brutalität flüchtet, um seine mangelnde Energie, seine überraschenden Schwächen, seinen krankhaften Egoismus, seinen hilflosen Stolz zu maskieren. Fast alle Diktatoren sind eifersüchtig, und ihre Eifersucht bestimmt die Art, wie sie Menschen in ihrem Verhältnis zu den Ereignissen beurteilen. Diktatur ist nicht nur eine Regierungsform, sondern auch die vollendetste Form der Eifersucht in ihren politischen, moralischen und verstandesmäßigen Aspekten. Wie alle Diktatoren läßt sich Hitler mehr von seinen Leidenschaften als von seinen Ideen leiten. Seine Haltung gegenüber seinen ältesten Anhängern, den Sturmabteilungen, die ihm vom ersten Augenblick an gefolgt, ihm im Unglück treu geblieben sind, die Erniedrigung, Gefahr, Gefängnis mit ihm geteilt haben, die seinen Ruhm und seine Macht geschaffen haben, kann nur durch ein Gefühl erklärt werden, über das sich bloß jene wundern, denen die eigenartige Natur der Diktatoren, ihre gewalttätige und zugleich schüchterne Seelenverfassung unbekannt ist. Hitler ist eifersüchtig auf die, die ihm geholfen haben, eine der sichtbarsten Figuren des politischen Lebens in Deutschland zu werden. Er fürchtet ihren Stolz, ihre Energie, ihren Kampfgeist, den mutigen und uneigennützigen Willen, der die hitlerschen Sturmabteilungen zu einem gefährlichen Werkzeug der Macht gemacht haben. Er verwendet seine ganze Brutalität darauf, ihren Hochmut zu dämpfen, ihre Gewissensfreiheit zu ersticken, ihre persönlichen Verdienste zu verdunkeln, seine Anhänger zu Dienern ohne persönliche Würde zu machen. Wie alle Diktatoren liebt Hitler nur die, die er verachten kann. Sein Ehrgeiz ist, eines Tages das ganze deutsche Volk im Namen der Freiheit, des Ruhmes und der Macht Deutschlands verderben,

demütigen und knechten zu können.
Es ist etwas Trübes, Zweideutiges und sexuell Krankhaftes in der opportunistischen Taktik Hitlers und seiner Abneigung gegen die revolutionäre Gewalt, in seinem Haß gegen jede Form von Freiheit und persönlicher Würde. Im Leben der Völker gibt es im Augenblick großen Unglücks, nach Kriegen, Invasionen, Hungersnöten stets einen Mann, der aus der Menge hervortritt, der seinen Willen, seinen Ehrgeiz durchsetzt und der am ganzen Volk verlorene Freiheit, Macht und Glück rächt wie eine Frau. In der Geschichte Europas ist die Reihe an Deutschland. Hitler ist der Diktator, die Frau, die es verdient. Seine feminine Seite erklärt den Erfolg Hitlers, seine Gewalt über die Menge, den Enthusiasmus, den er in der deutschen Jugend hervorruft. In den Augen der Kleinbürger ist Hitler ein Reiner, ein Asket, ein Mystiker der Tat, eine Art Heiliger. Man klatscht nicht dem Catilina in ihm zu. „Nicht eine einzige Frauengeschichte ist über ihn in Umlauf", behauptet einer seiner Biographen. Es wäre richtiger, wenn man von Diktatoren sagte, über sie sei nicht eine einzige Männergeschichte im Umlauf.
Im Leben aller Diktatoren gibt es Momente, die den trüben, krankhaften, sexuellen Untergrund ihrer Macht beleuchten. Krisen, welche die ganz feminine Seite ihres Charakters enthüllen. In den Beziehungen zwischen dem Diktator und seinen Anhängern äußern sich diese Krisen meist als Rebellion. Bedroht, von denen abhängig zu werden, die er gedemütigt und geknechtet hat, verteidigt sich der Diktator mit äußerster Energie gegen die Rebellion seiner Anhänger: die Frau in ihm verteidigt sich. Cromwell, Lenin, Mussolini haben alle diese Krisen kennengelernt. Cromwell hat nicht gezögert, Feuer und Schwert anzuwenden, um die Rebellion der „Levellers" zu ersticken, dieser englischen Kommunisten des XVII. Jahrhunderts; Lenin kannte kein Erbarmen

mit den meuternden Matrosen von Kronstadt, Mussolini ist hart mit den Schwarzhemden in Florenz umgegangen, deren Rebellion ein Jahr lang anhielt bis zum Vorabend des Staatsstreichs. Es ist überraschend, daß Hitler noch nicht gegen einen allgemeinen Aufstand seiner Sturmtruppen zu kämpfen hatte. Die teilweisen Widerstände, die sich seit einiger Zeit in Hitlers Kampfgruppen überall in Deutschland bemerkbar machen, sind vielleicht nur die Vorboten der unvermeidlichen Krise. Opportunismus während einer Revolution ist ein Verrat, für den gezahlt werden muß. Wehe den Diktatoren, die sich an die Spitze einer revolutionären Armee stellen und vor der Verantwortung eines Staatsstreichs zurückschrecken. Vielleicht gelingt es ihnen, sich durch Verstellung und Zugeständnisse auf legale Weise in den Besitz der Macht zu bringen, aber Diktaturen als Ergebnis einer „combinazione“ sind nur halbe Diktaturen. Sie sind nicht von Dauer. Die Legitimität einer Diktatur beruht auf ihrer revolutionären Gewalt: der Staatsstreich gibt ihr die Kraft, sich auf festem Grunde einzurichten. Vielleicht ist es das Schicksal Hitlers, durch einen parlamentarischen Kompromiß an die Macht zu gelangen: um die Rebellion seiner Kampfgruppen zu verhindern, bleibt ihm nichts anderes übrig, als sie von der Eroberung des Staates abzulenken und ihre revolutionäre Aufgabe von der innenpolitischen auf die außenpolitische Ebene zu verlagern. Ist nicht die Frage der Grenzen im Osten seit einiger Zeit zum Hauptthema in Hitlers Reden geworden? Es ist nicht ohne Bedeutung, daß die Zukunft Deutschlands von einem parlamentarischen Kompromiß abhängig zu sein scheint statt von einem Staatsstreich. Vor einem Diktator, der nicht wagt, sich durch revolutionäre Gewalt in den Besitz der Macht zu bringen, sollte Westeuropa keine Angst haben, wenn es entschlossen ist, seine Freiheit bis zum Letzten zu verteidigen.

Die heutige politische Lage in Deutschland wird alle diejenigen verwundern, die wissen, wie sehr das deutsche Volk stets Sinn für staatsbürgerliche Würde besessen hat. Man müßte das Deutschland von Weimar für sehr krank ansehen, seine herrschenden Schichten, sein Bürgertum, seine geistigen Eliten für völlig demoralisiert oder korrumpiert halten, um zu glauben, daß sie sich ohne Gegenwehr einer Diktatur unterwerfen würden, die selbst Hitler ihnen nicht durch Gewalt aufzuzwingen wagt. Eine Diktatur nimmt man nicht hin, man erduldet sie. Selbst wenn sie durch eine Revolultion aufgezwungen wurde, erduldet man sie erst, wenn man sie bis zum Ende bekämpft hat. Es ist lächerlich zu behaupten, daß die russische Bourgeoisie sich gegen die Bolschewisten nicht verteidigt hat. Ich habe im Abschnitt über die Petrograder Ereignisse vom Oktober 1917 Kerenski gegen den Vorwurf in Schutz genommen, er habe den Staat gegen den Aufstand der roten Garden nicht zu verteidigen versucht. Wie alle demokratischen oder liberalen Regierungen konnte auch die Regierung Kerenski den Staat nur mit Polizeimaßnahmen schützen. Die liberalistische Technik der Staatsverteidigung vermochte und vermag nichts gegen die Technik des kommunistischen Staatsstreichs. Sie vermag auch nichts gegen die Technik des fascistischen Staatsstreichs. Ebenso lächerlich wäre die Behauptung, daß die liberale Regierung, die Gewerkschaften und die Parteien Italiens sich gegen die revolutionäre Taktik Mussolinis nicht verteidigt haben. Der Kampf um die Macht dauerte in Italien vier Jahre und war viel blutiger als in Deutschland. Die

Diktaturen Lenins und Mussolinis wurden erst nach erbittertem Kampf erzwungen. Welche Kraft, welche harte Notwendigkeit könnten jedoch die herrschenden Klassen, das Bürgertum und die intellektuelle Elite Deutschlands zwingen, eine Diktatur hinzunehmen, die keine revolutionäre Gewalt sie zu ertragen zwingt? Ihre Auflehnung gegen den Frieden von Versailles, ihr Wille, sich von den politischen und wirtschaftlichen Folgen des Krieges freizumachen, sind keine ausreichenden Gründe, um eine solche Haltung im Falle einer Diktatur Hitlers zu rechtfertigen. Unter allen Übeln der Niederlage, unter allen Folgen des Versailler Friedens wäre das größte Unglück, das Deutschland treffen könnte, der Verlust seiner bürgerlichen Freiheit. Ein Deutschland, das Hitlers Diktatur widerstandslos hinnähme, ein Deutschland, das von dieser mediokren Spielart Mussolinis versklavt würde, vermöchte sich den freien Völkern Westeuropas nicht aufzuzwingen. Das ist der große Jammer des deutschen Bürgertums.

Die heutige politische Situation im Reich ist nicht, wie manche behaupten, mit einem allgemeinen Verfall des Gefühls für Freiheit im modernen Europa zu erklären. Der moralische und geistige Zustand des Bürgertums ist nicht überall der gleiche wie in Deutschland. Dieser Verfall wäre unwiderruflich, wenn man annimmt, daß das europäische Bürgertum nicht fähig wäre, seine Freiheit zu verteidigen, und daß die Zukunft Europas eine Zukunft der zivilen Sklaverei sei. Aber wenn auch zutrifft, daß die moralische und geistige Lage des Bürgertums in Deutschland nicht die gleiche ist wie in andern Ländern, und wenn ferner zutrifft, daß nicht alle Völker Europas den Sinn für Freiheit im selben Maß besitzen, so ist es doch ebenso richtig, daß das Problem des Staates sich in Deutschland genauso stellt wie in fast allen anderen Ländern Europas. Das Problem des Staates ist nicht mehr nur ein Problem der Autorität: es ist auch ein

Problem der Freiheit. Wenn Polizeimethoden sich als ungenügend erweisen, den Staat gegen die Möglichkeit eines kommunistischen oder fascistischen Versuchs zu verteidigen, zu welchen Maßnahmen kann und muß eine Regierung greifen, ohne die Freiheit des Volkes zu gefährden? In dieser Form stellt sich in fast allen Ländern das Problem der Verteidigung des Staates.

Die heutige Situation enthält für die Ambitionen der Catilinarier von rechts und von links große Erfolgschancen. Die Unbrauchbarkeit der von den Regierungen vorgesehenen oder getroffenen Maßnahmen zur Abwendung eines etwaigen Revolutionsversuchs ist derart, daß in vielen Ländern Europas die Gefahr eines Staatsstreichs ernstlich in Betracht gezogen werden muß. Die spezifische Natur des modernen Staates, die Vielfalt seiner weitverzweigten Funktionen, die Schwere der politischen, wirtschaftlichen und sozialen Fragen, die er zu lösen hat, machen ihn zum geometrischen Ort der Schwächen und Besorgnisse der Bevölkerung und vergrößern so die Schwierigkeiten, die er bei seiner Selbstverteidigung bewältigen muß. Der moderne Staat ist revolutionären Gefahren stärker ausgesetzt als es den Anschein hat. Es ist eine wertlose Überlegung, wenn eingewendet wird, daß zwar die liberale Technik der Staatsverteidigung veraltet sein mag, daß aber auch die Catilinarier in vielen Fällen beweisen, daß sie noch nicht einmal die Anfangsgründe der modernen Technik des Staatsstreichs beherrschen.

In den Ländern, in denen die Ordnung auf Freiheit basiert, hat die öffentliche Meinung unrecht, die Möglichkeit eines Staatsstreichs von vornherein auszuschließen. Bei der heutigen Situation in Europa besteht diese Möglichkeit überall, sowohl in einem freien und durchorganisierten Lande, einem „policierten Staat“, um einen Ausdruck des XVIII. Jahrhunderts zu verwenden, der auch einen sehr modernen Sinn hat, wie in einem Lande, in dem die größte Unordnung der öffentlichen Dinge besteht. 1920 hatte ich in Warschau, bei einer der fast täglichen Zusammenkünfte des diplomatischen Korps in der apostolischen Nuntiatur zur Prüfung der Lage des von der roten Armee Trotzkis besetzten und von inneren Kämpfen zerrissenen Polen Gelegenheit, einen lebhaften Dialog mit anzuhören – eine Art recht unakademischer Dissertation über Charakter und Gefahren der Revolutionen –, der sich zwischen Sir Horace Rumbold und Monsignor Ratti entspann.

Es war eine seltene Gelegenheit, einen nachmaligen Papst die Ansichten Trotzkis über moderne Revolutionen verteidigen zu hören, gegenüber einem englischen Gesandten und in Gegenwart der diplomatischen Vertreter der bedeutendsten Nationen der Welt. Sir Horace Rumbold erklärte, die Unordnung in ganz Polen sei auf dem Höhepunkt, eine Revolution von einem Tag auf den andern sei unausweichlich; das diplomatische Korps müsse folglich unverzüglich Warschau verlassen. Monsignor Ratti antwortete, die Unordnung in ganz Polen sei tatsächlich groß, aber nie sei die Revolution die notwendige Folge der Unordnung, er halte es also für einen Fehler, die Hauptstadt zu verlassen, um so mehr, als die Revolutionsgefahr in Polen nicht größer sei als in allen andern Ländern Europas. Er schloß damit, daß er Warschau nicht verlassen werde. In einem zivilisierten Lande mit leistungsfähiger staatlicher Organisation, erwiderte der englische Gesandte, gebe es keine Gefahr einer Revolution; nur aus der Unordnung entstünden Revolutionen. Monsignor Ratti, der, ohne es zu wissen, die These Trotzkis verteidigte, beharrte auf seiner Behauptung, daß die Revolution in einem zivilisierten, gut organisierten und polizeilich gesicherten Lande wie England ebenso möglich sei wie in einem Land am Rande der Anarchie, das, wie Polen in diesem Augenblick, vom Kampf der politischen Fraktionen untergraben und von einer feindlichen Armee besetzt war. – „Oh, never", rief Sir Horace Rumbold. Er schien ebenso bekümmert, ebenso entrüstet über diese verleumderische Behauptung der Möglichkeit einer Revolution in England wie es die Königin Victoria gewesen war, als Lord Melbourne ihr zum erstenmal die Möglichkeit eines Kabinettswechsels andeutete.

Der Sinn dieses Buches ist nicht, die politischen, sozialen und wirtschaftlichen Programme der Catilinarier zu diskutieren, sondern zu zeigen, daß die Frage der Eroberung und Verteidigung des Staates kein politisches, sondern ein technisches Problem ist, daß für die Kunst, den Staat zu verteidigen, dieselben Grundsätze gelten wie für die Kunst, ihn zu erobern, und daß die für einen Staatsstreich günstigen Umstände nicht notwendigerweise politische und soziale sind und nicht von der Gesamtsituation des betreffenden Landes abhängen. Das wird vielleicht manche freien Menschen auch der bestorganisierten, bürgerlich zivilisiertesten Länder Westeuropas beunruhigen können. Diese bei einem freien Menschen natürliche Unruhe hat meine Absicht entstehen lassen, zu zeigen, wie ein moderner Staat erobert und wie er verteidigt wird.

Bolingbroke, Herzog von Hereford, sagt bei Shakespeare: „Es liebt das Gift nicht, wer des Gifts bedarf"; anscheinend war er ein freier Mann.

„Tecnica del colpo di Stato" wurde Ende 1930 niedergeschrieben und erschien im Sommer 1931 als „Technique du coup d'Etat" im Verlag Bernard Grasset in Paris. Eine kurzlebige deutsche Übersetzung dieser französischen Erstausgabe brachte ein Jahr später der Verlag E. P. Tal in Wien und Leipzig als „Der Staatsstreich" heraus. Über Wirkung und Schicksal des Buches und über seinen Autor erfährt der Leser Näheres aus dem im Anhang beigegebenen Vorwort Malapartes zur italienischen Erstausgabe (und französischen Neuauflage) von 1948.

Obwohl dieses Buch gelegentlich auch von politisch Handelnden zu Rate gezogen wurde, ist es keine abstrakte Analyse, kein Handbuch für Revolutionäre oder Minister; es ist keine historisch-politische Abhandlung, und es beweist nicht, sondern macht sichtbar. Es ist das Porträt einer bestimmten entwicklungsgeschichtlichen Situation von großer Aktualität und hebt als solches die Wesenszüge einer Erscheinung heraus, mit wachem Verstand und hinter die Maske dringendem Blick. So ist dieses Buch, in seiner Sorge um die freiheitliche Entwicklung des modernen Staates, nicht zeitgebunden und verdient, wieder gelesen zu werden.

Die vorliegende Übersetzung hat den ursprünglichen italienischen Text zugrunde gelegt, wodurch – ganz abgesehen vom sprachlichen Gewand – auch einige textliche Abweichungen von der früheren Übersetzung nach der französischen Erstausgabe notwendig wurden. Der vom Autor selbst vorgenommenen, aber nicht sehr glücklichen Umstellung mehrerer Kapitel in der italienischen (aber nicht in der französischen) Nachkriegsausgabe wurde nicht gefolgt. *H. L.*

Aus der Reihe
CRITICA DIABOLIS

1. Koordination autonomer Gruppen Spaniens
Aufrufe aus dem Gefängnis von Segovia, 10.-DM

2. Annie Le Brun
Lâchez tout – Laßt alles fahren, 22.-DM

3. Giorgio Cesarano
Der erotische Aufstand, 14.-DM

4. Wolfgang Pohrt
Kreisverkehr, Wendepunkt, 14.-DM

5. Wolfgang Pohrt
Der Geheimagent der Unzufriedenheit – Balzac, 10.-DM

6. Eike Geisel
Lastenausgleich, Umschuldung, 15.-DM

7. Russische Gewerkschaftsopposition SMOT
Das unterirdische Feuer, 18.-DM

8. Wolfgang Pohrt
Stammesbewußtsein, Kulturnation, 15.-DM

9. Guy Debord
In girum imus nocte et consumimur igni, 20.-DM

10. Louis Aragon
Abhandlung über den Stil, 29.80DM

11. Wolfgang Pohrt
Zeitgeist, Geisterzeit, 24.-DM

12. Kollektiv RAF, W. Pohrt, K. Hartung, K.H. Roth u.a.
Die alte Straßenverkehrsordnung, 24.80DM

13. Günther Anders
Interviews & Erklärungen, 28.-DM

14. Christian Schultz-Gerstein
Rasende Mitläufer, 25.80DM

15. Curzio Malaparte
Technik des Staatsstreichs, 26.-DM

16. Harry Mulisch
Strafsache 40/61, Ein Bericht über den Eichmann-Prozeß, 28.-DM

17. H.-M. Enzensberger, E. Geisel, H. Broder u.a.
Eingriffe, Jahrbuch für gesellschaftskritische Umtriebe, c. 28.-DM